条解消費者の財産的被害の集団的な回復のための民事の裁判手続の特例に関する規則

はしがき

「消費者の財産的被害の集団的な回復のための民事の裁判手続の特例に関する法律」（平成25年法律第96号。以下「消費者裁判手続特例法」という。）が，平成25年12月４日，第185回国会において成立し，同月11日公布された。消費者裁判手続特例法では，法律に定めるもののほか，被害回復裁判手続に関し必要な事項については，最高裁判所規則で定めるものとされている。

これを受けて，「消費者の財産的被害の集団的な回復のための民事の裁判手続の特例に関する規則」（平成27年最高裁判所規則第５号。以下「消費者裁判手続特例規則」という。）が制定され，平成27年６月29日公布された。消費者裁判手続特例規則は，簡易確定手続における債権確定について当該手続の簡易迅速性を踏まえた種々の事項を定めるほか，その他の被害回復裁判手続について，当該手続の特徴を踏まえ，民事訴訟規則等の特則となる規定をそれぞれ置いたものである。

消費者裁判手続特例法は，公布の日から施行されている附則３条，４条及び７条を除き，公布の日から起算して３年を超えない範囲内において政令で定める日から施行され，消費者裁判手続特例規則についても消費者裁判手続特例法の施行の日から施行されることとなっている。

この資料は，消費者裁判手続特例規則の全条文について，逐条的に当局限りの解説を付し，執務の参考に供することとしたものである。

平成27年11月

最高裁判所事務総局民事局

凡　　例

1　各条文の解説の冒頭には，規則の条文を掲げたほか，当該規則の条文に関連する法令の規定を適宜掲記することとした。

2　本書で引用した文献，法令の略記は，次のとおりである。

〔文　献〕

一問一答	消費者庁消費者制度課編　一問一答　消費者裁判手続特例法
逐条消費者契約法	消費者庁消費者制度課編　逐条解説　消費者契約法〔第２版補訂版〕
コンメ民訴法Ⅱ，Ⅲ	秋山幹男＝伊藤眞＝加藤新太郎＝高田裕成＝福田剛久＝山本和彦著　コンメンタール民事訴訟法Ⅱ（第２版），Ⅲ
注釈民執法〈第４巻〉	吉野衛＝三宅弘人著　注釈民事執行法〈第４巻〉
注解民執法（３）	鈴木忠一＝三ケ月章著　注解民事執行法（３）
条解破産法	伊藤眞＝岡正晶＝田原睦夫＝林道晴＝松下淳一＝森宏司著　条解破産法
条解会更法（中）	兼子一監修　三ケ月章＝竹下守夫＝霜島甲一＝前田庸＝田村諄之輔＝青山善充著　条解会社更生法（中）
条解民訴規	最高裁判所事務総局　条解民事訴訟規則
条解民訴規（増補版）	最高裁判所事務総局　条解民事訴訟規則（増補版）
実務講義案Ⅰ	裁判所職員総合研修所　民事実務講義案Ⅰ（四訂補訂版）
人訴執務資料	最高裁判所事務総局　新しい人事訴訟手続に関する執務資料

条解非訟規	最高裁判所事務総局　条解非訟事件手続規則
条解家事規	最高裁判所事務総局　条解家事事件手続規則
条解民執規	最高裁判所事務総局　条解民事執行規則（第三版）
条解民保規	最高裁判所事務総局　条解民事保全規則（改訂版）
条解破産規	最高裁判所事務総局　条解破産規則
条解会更規	最高裁判所事務総局　条解会社更生規則
条解民再規	最高裁判所事務総局　条解民事再生規則（新版）
条解労審規	最高裁判所事務総局　条解労働審判規則（改訂版）

〔法　令〕

○　法令名の記載がなく，単に条名（条番号）のみが記載されている場合には，消費者の財産的被害の集団的な回復のための民事の裁判手続の特例に関する規則（平成27年最高裁判所規則第５号）の条名（条番号）を示す。

○　そのほかの略記は，次のとおり。

法	消費者の財産的被害の集団的な回復のための民事の裁判手続の特例に関する法律（平成25年法律第96号）
民訴法	民事訴訟法
民訴費用法	民事訴訟費用等に関する法律
非訟法	非訟事件手続法
家事法	家事事件手続法
民執法	民事執行法
民保法	民事保全法
民再法	民事再生法
会更法	会社更生法
労審法	労働審判法

民訴規	民事訴訟規則
民訴費用規	民事訴訟費用等に関する規則
非訟規	非訟事件手続規則
家事規	家事事件手続規則
民執規	民事執行規則
民保規	民事保全規則
破産規	破産規則
会更規	会社更生規則
民再規	民事再生規則
労審規	労働審判規則

目　　次

参考資料

第１章　総則

（当事者の責務）

第１条　当事者は，消費者の財産的被害の集団的な回復のための民事の裁判手続の特例に関する法律（平成25年法律第96号。以下「法」という。）の趣旨を踏まえ，被害回復裁判手続の円滑かつ迅速な進行に努め，信義に従い誠実に被害回復裁判手続を追行しなければならない。

２　二以上の特定適格消費者団体が対象債権及び対象消費者の範囲の全部又は一部並びに共通義務確認の訴えの被告とされる事業者が同一である被害回復裁判手続を追行するときは，当該二以上の特定適格消費者団体は，被害回復裁判手続の円滑かつ迅速な進行のために相互に連携を図りながら協力するように努めなければならない。

〔解　説〕

１　本条の趣旨

本条は，被害回復裁判手続（法２条９号）を追行する当事者の包括的な責務（１項）及び特定適格消費者団体相互の連携協力努力義務（２項）を定めるものである。

２　被害回復裁判手続についての包括的な責務規定（１項）

本条１項は，被害回復裁判手続を追行する当事者（注１）の包括的な責務として，円滑かつ迅速な手続進行努力義務及び信義誠実手続追行義務を定めるものである。

本制度は，同種の被害が拡散的に多発するという消費者被害の特性に鑑み，消費者被害の迅速かつ集団的な回復を図るために，共通義務確認訴訟とそれを前提とした対象債権の確定手続という二段階型の手続を設け（注２），特定適格消費者団体にその手続を追行させることとしたものである。

そこで，本制度において消費者被害の迅速かつ集団的な回復を図る法の趣旨を実現するため，本条１項は，当事者の責務として，円滑かつ迅速な手続進行努力義務及び信義誠実手続追行義務を定めることとした。なお，本条１

項は，法１条に表れている消費者と事業者との間の情報の格差等があることについても踏まえた上での規定であり，この点を考慮せずに円滑かつ迅速な手続進行や信義に従い誠実な手続追行を求めるものではなく，本条１項が「法の趣旨を踏まえ」としているのは，これらの点を明らかにしたものである。

⑴　円滑かつ迅速な手続進行努力義務

本制度は，通常の民事訴訟手続の特例として，特定適格消費者団体が追行する共通義務確認訴訟とそれを前提とした対象債権の確定手続という二段階型の手続を設けることにより，相当多数の消費者がそれぞれ個別に訴訟を提起する場合と比較して紛争を迅速にまとめて解決し，消費者被害回復の実効性の確保を図るものである(注３)。また，本制度においては，被害回復裁判手続の一部として，特定適格消費者団体が民事執行の手続及び仮差押えの手続を行うことも認められているところ（法２条９号ロ），これらの手続では，多数の債権を取り扱うことや，複数の特定適格消費者団体による手続が競合する場合もあることから，手続が複雑になったり，通常の手続とは異なる問題が生じたりすることがあり得る。

そのため，当事者は，共通義務確認訴訟において対象債権及び対象消費者の範囲を適切に設定するほか，手続の各段階において円滑かつ迅速な主張立証活動を行うことなどにより(注４)，被害回復裁判手続が全体として円滑かつ迅速に行われるよう努める必要があるのであって，この責務を包括的に規定したのが本条１項である。

⑵　信義誠実手続追行義務

本条１項の信義誠実手続追行義務は，民訴法２条における当事者の信義誠実訴訟追行義務を確認的に規定したものである(注５)(注６)(注７)。

ここで確認的な規定を置くこととしているのは，この規定の対象となる被害回復裁判手続については，二段階型の手続という特殊性があることや，これが多数の債権に関わる手続であることから，対象債権の確定手続を中心として，法の趣旨を踏まえた円滑かつ迅速な手続を実現するために当事者間の協働関係が醸成される必要性が高いと考えられたためである。

具体的には，二段階型の手続を設けて消費者被害の迅速かつ集団的な回復を図る法の趣旨からすれば，当事者は，簡易確定手続において，簡易迅速な債権の確定を妨げるような濫用的な否認や異議の申立てを避けるべきことが求められていると考えられる（27条２項において，認否書での否認の理由の記載を求めていることは，この点をより具体的に反映したものである。）。また，簡易確定手続においては，認否等のために必要があるときには当事者が相互に証拠書類の送付を求められるようにしており（26条，29条），裁判所を通さない当事者間でのやりとりも重要となる。そのため，このような当事者間で行われるやりとりの運用に当たっても，必要性に乏しいものの送付を求めて相手方に過度の負担をかけないなど，当事者双方が信義に従い誠実に行うことが求められるといえる。

３　特定適格消費者団体相互の連携協力努力義務（２項）

本条２項は，二以上の特定適格消費者団体が対象債権及び対象消費者の範囲の全部又は一部(注８)並びに共通義務確認の訴えの被告とされる事業者(注９)が同一である被害回復裁判手続を追行するときにおける，これらの特定適格消費者団体相互間の連携協力努力義務を定めるものである。

法75条３項において，被害回復裁判手続を含む被害回復関係業務（法65条２項）について，特定適格消費者団体が相互に連携を図りながら協力するように努めなければならないと定められているところ，二以上の特定適格消費者団体が対象債権及び対象消費者の範囲の全部又は一部並びに共通義務確認の訴えの被告とされる事業者が同一である被害回復裁判手続を追行する場合，円滑迅速な手続進行を実現するため，これらの特定適格消費者団体相互の間においては，当該手続の追行に当たらない特定適格消費者団体との関係に比べて，より密接な連携，協力が必要となると考えられる。

そこで，本条２項では，このような場合における特定適格消費者団体の責務として，手続の円滑かつ迅速な進行のために相互に連携を図りながら協力するように努めなければならないことを定めることとした。

特定適格消費者団体相互の連携協力の具体的な内容としては，共通義務確認訴訟が併合して審理される場合（法７条１項参照）の訴訟追行に当たって必要な連携協力を行うこと，二以上の特定適格消費者団体が簡易確定手続開始の申立てをした場合に簡易確定手続の円滑な進行のため連携協力すること（注10），手続の進行状況等に関する情報共有を行うこと（注11）などが考えられる。

（注１）　被害回復裁判手続は法２条９号に規定される複数の種類の手続を含むものであるが，本条１項でいう「当事者」は，各手続においてそれぞれ「当事者」として扱われる主体を指す。例えば，異議後の訴訟を届出消費者が追行する場合（法52条１項等参照）には，届出消費者はここにいう「当事者」に該当する。

（注２）　一問一答３頁参照

（注３）　対象となる事案もそのような手続を利用した迅速審理に適するものに限定されている（法３条。法３条において対象となる請求を規定する際の考え方については一問一答26頁参照）。

（注４）　本規則では，特定適格消費者団体のする仮差押えの手続及び民事執行の手続に関し，特定適格消費者団体から裁判所や事業者に対して各種の情報が提供されるよう求めているが（39条から42条まで），これらも，多数の債権や複数の特定適格消費者団体が関係し得るという手続の特徴を踏まえて，これらの手続における円滑迅速手続進行努力義務を具体的に反映した規定である。

（注５）　民訴法２条の規定は，被害回復裁判手続全般に適用ないし準用されると考えられる。

具体的には，共通義務確認訴訟及び異議後の訴訟については民訴法が適用される手続であるため，民訴法２条についても当然に適用され，簡易確定手続については，法50条において民訴法２条の規定が明示的に準用されている。そのほか，被害回復裁判手続に含まれる仮差押えの手続及び民事執行の手続については，それぞれ民保法及び民執法の適用を受け，そこでの民訴法の包括的な準用規定（民保法７条及び民執法20条）により民訴法２条が準用されると考えられる。

（注６）　本条１項で定める信義誠実手続追行義務は，本制度の特殊性（多数の債権に関わる二段階型の手続であり，当事者の協働関係が醸成される必要性が高いこと）を踏まえ，民訴法２条の信義誠実訴訟追行義務について確認的に規定したものであり，同条の義務を更に加重する趣旨のものではない。

（注７）　一般法によって定められる当事者の責務を個別の裁判手続の特徴に即して確

認的に定める規定の例として労審規２条がある（条解労審規２頁以下参照）。

（注８）「対象債権及び対象消費者の範囲の全部又は一部」が同一とは，二以上の特定適格消費者団体が追行する被害回復裁判手続における「対象債権及び対象消費者の範囲」（法５条，同20条，同56条３項等参照）に重なりがある場合を指す。

もっとも，本条２項の趣旨からは，二以上の特定適格消費者団体が別個に被害回復裁判手続を追行する場合において，それぞれで対象とされた金銭の支払請求権が異なる（例えば，不当利得に係る請求と不法行為に基づく損害賠償の請求）ために，上記の重なりがないと考えられる場合であっても，それぞれの被害回復裁判手続が共通義務確認訴訟において請求の基礎となる消費者契約及び財産的被害を同じくする関係にあるような場合には，同様に，特定適格消費者団体相互の連携協力が図られることが望ましいであろう。

（注９）「共通義務確認の訴えの被告とされる事業者」が同一とは，共通義務確認訴訟が提起された後の手続においては，共通義務確認訴訟の被告とされた事業者（法２条５号参照）が同一であることを指すが，共通義務確認訴訟の提起前に法56条１項の仮差押命令の申立てがされた場合においては，その申立ての相手方となる事業者が同一であることを指す。

（注10）簡易確定手続における連携協力としては，通知公告の場面において，必要な連携協力が行われることが考えられる（法25条２項，同26条２項参照）。

（注11）法78条１項参照。２条２項２号，４条，11条２項３号，39条において記載が求められる事項を特定適格消費者団体が適切に把握するためにも，特定適格消費者団体間における相互の情報共有は必要となるものである。

第２章　共通義務確認訴訟に係る民事訴訟手続の特例

（訴状の記載事項等・法第５条）

第２条　法第５条の規定による対象債権及び対象消費者の範囲の記載については，消費者契約の年月日，物品，権利，役務その他の消費者契約の目的となるものの内容，その対価その他の取引条件，勧誘の方法その他の消費者契約に係る客観的な事実関係をもってしなければならない。

２　共通義務確認の訴えの訴状には，民事訴訟規則（平成８年最高裁判所規則第５号）第53条第１項及び第４項に規定する事項のほか，次に掲げる事項を記載しなければならない。

一　対象消費者の数の見込み

二　請求の内容及び相手方が同一である共通義務確認訴訟又は事実上及び法律上同種の原因に基づく請求を目的とする共通義務確認訴訟が既に係属しているときは，当該共通義務確認訴訟が係属している裁判所及び当該共通義務確認訴訟に係る事件の表示

３　共通義務確認の訴えの訴状には，前項第１号に掲げる事項の根拠となる資料を添付しなければならない。

（訴状の記載事項）

法第５条　共通義務確認の訴えの訴状には，対象債権及び対象消費者の範囲を記載して，請求の趣旨及び原因を特定しなければならない。

〔解　説〕

１　本条の趣旨

本条は，共通義務確認の訴えの訴状について，「対象債権及び対象消費者の範囲」（法５条）の記載方法（１項）を定めるとともに，訴状のその他の記載事項（２項）及び添付資料（３項）について定めるものである。

２　「対象債権及び対象消費者の範囲」の記載方法（１項）

本条１項は，法５条が，共通義務確認の訴えの訴状について，「対象債権

及び対象消費者の範囲」を記載して，請求の趣旨及び原因（民訴法133条２項２号）を特定しなければならないとしたことを受けて，その具体的な記載の方法について定めるものである[注１]。

「対象債権及び対象消費者の範囲」は，消費者にとって，自らが対象消費者となり得るかを知るために不可欠な情報であり，共通義務確認訴訟において判断されるほか，簡易確定手続開始決定の決定書（法20条）に記載され，簡易確定手続開始後には，裁判所による官報公告（法22条１項２号），簡易確定手続申立団体による通知及び公告（法25条１項３号，同26条１項）により，消費者に周知されることとなっている。したがって，その記載は消費者にとって自らが対象消費者に含まれるか否かを容易に判断できるようなものである必要がある。他方で，共通義務確認訴訟の判決の効力は対象消費者の範囲に属する届出消費者にも及ぶが（法９条），事業者の手続保障との関係でこのような制度が許容されるのは，事業者が，共通義務確認訴訟の結果によって対象債権の確定手続で行使されることが想定される債権の内容及びその総額（係争利益）を把握し，十分な攻撃防御を尽くすことができるような制度設計であることが前提である[注２]。したがって，「対象債権及び対象消費者の範囲」の記載は，事業者にとって，共通義務確認訴訟の結果によってどの程度の支払義務を負う可能性があるかを把握して防御の指針を立てることができるようなものである必要がある。以上の点からすると，「対象債権及び対象消費者の範囲」は，ある者が対象消費者に該当するかどうかの判断が可能となる程度に客観的に特定される必要がある[注３]。

このように，「対象債権及び対象消費者の範囲」を客観的に特定すべきことは，制度の性質から当然のことと考えられるが，この記載の重要性に鑑み，本規則においても，共通義務確認の訴えの訴状において，「対象債権及び対象消費者の範囲」の記載については消費者契約に係る客観的な事実関係[注４]をもってしなければならないことについて確認的に規定を置き，この客観的な事実関係として記載されるべき事項として，①消費者契約の年月日，②消費者契約の目的となるもの（物品，権利，役務等）の内容，③消費者契約の目的となるものの対価その他の取引条件及び④勧誘の方法を例示することとしたものである(注５)。

3　共通義務確認の訴えの訴状に記載が求められる事項（２項）

本条２項は，共通義務確認の訴えの訴状の記載事項として，民訴規53条１項及び４項に規定する事項以外に，「対象消費者の数の見込み」（１号）及び既に係属している共通義務確認訴訟に関する事項（２号）を記載しなければならないと定めるものである(注６)。

⑴　「対象消費者の数の見込み」（１号）

共通義務確認訴訟においては，対象消費者が「相当多数」存在することがその訴訟要件となり（法２条４号）(注７)，対象消費者の数が一定数以上と見込まれる場合には管轄の特例が設けられている（法６条３項，４項)。対象消費者の数がどの程度見込まれるかは，これらの点の関係で問題となるほか，共通義務確認訴訟及び簡易確定手続の円滑な進行(注８)のためにも共通義務確認訴訟の受訴裁判所において把握しておくことが必要な事項であるため，訴状に「対象消費者の数の見込み」の記載を求めることとしている(注９)。

なお，ここで記載を求める「対象消費者の数の見込み」は訴訟要件そのものではなく，その記載に当たって，具体的な数を特定して記載しなければならないものではない。ある程度の実数が把握できる事案であれば具体的な数が記載されることが考えられるが，訴え提起時点において概括的な記載しかできない事案においては，「○人程度」や「少なくとも○人以上」といった概括的な記載をすれば足りるものである（ただし，概括的な記載がされる場合には，法６条３項及び４項の管轄の特例が適用されるような大規模事件であるか否かが判別できるように記載されることが望ましい。)。

⑵　既に係属している共通義務確認訴訟に関する事項（２号）

法７条１項において「請求の内容及び相手方が同一である共通義務確認訴訟」の弁論及び裁判は併合してしなければならないものとされ，法６条６項において「事実上及び法律上同種の原因に基づく請求を目的とする共通義務確認訴訟」が他の裁判所に係属している場合に当該他の裁判所への移送が認められていることを受けて，そのような口頭弁論の併合や移送を行うに当たっての参考として，これらの訴訟が既に係属している場合には，共通義務確認の訴えの訴状に他の共通義務確認訴訟についての記載を求めるものである(注10)。

「事件の表示」とは，当該共通義務確認訴訟に係る事件の事件番号を意味するものである(注11)。

4　「対象消費者の数の見込み」の根拠となる資料の添付（３項）

本条３項は，本条２項１号で，共通義務確認の訴えの訴状に「対象消費者の数の見込み」の記載を求めることに対応して，訴状の添付資料としてその根拠となる資料を添付しなければならないことを定めるものである。

本条２項１号で記載されるべき「対象消費者の数の見込み」は訴訟要件そのものではなく，その立証が常に必要となるものではないが，裁判所が訴訟進行について計画を立てるに当たっての判断資料として，その根拠となる資料(注12)の提出を求めることとしたものである。

（注１）　本条１項において，「法第５条の規定による」との文言を置いているのは，本条１項の「対象債権及び対象消費者の範囲」の記載が，法５条において「請求の趣旨及び原因」を特定するために求められているものであることを条文上明らかにする趣旨である。

このように，本条１項の規定は法５条の規定を前提としたものであり，本条１項によって，「対象債権及び対象消費者の範囲」として，「請求の趣旨及び原因」を特定する以上に詳細な記載が求められるものではない。

（注２）　一問一答51頁参照

（注３）　一問一答42頁参照

（注４）　例えば，勧誘の方法について「ある商品の元本欠損のリスクについて十分な説明を受けずに契約を締結した者」という記載をする場合，「十分な説明を受けなかった」という部分は評価を伴うものであり，客観的な事実関係による記載とはいえないと考えられる（一問一答42頁参照）。

（注５）　本条１項は，共通義務確認の訴えの訴状における「対象債権及び対象消費者の範囲」の記載方法について規定するものであるが，そこでの考え方は，法56

条１項の仮差押命令の申立ての際の「対象債権及び対象消費者の範囲」の記載方法についても妥当すると考えられる。

（注６）　共通義務確認の訴えの訴状については，民訴規53条以下の規定が適用されるものであり，本条はそれらの規定の適用があることを前提として，共通義務確認の訴えの訴状の記載事項及び添付書類についての特則を定めるものである。

（注７）　一問一答17頁参照

（注８）　簡易確定手続は，共通義務確認訴訟の第一審の終局判決をした地方裁判所（第一審において請求の認諾や和解によって共通義務確認訴訟が終了したときは当該訴訟が係属していた地方裁判所）が管轄裁判所となるため（法12条），「対象消費者の数の見込み」については，共通義務確認訴訟の審理への影響に加えて，簡易確定手続の審理が円滑に行えるかという観点からも，共通義務確認訴訟の審理の段階から裁判所が把握しておく必要があるものであり，事案によっては，職権又は申立てによる他の管轄裁判所への移送（法６条５項ただし書）の当否を検討するための重要な考慮要素となると考えられる。

（注９）　破産手続等においても，大規模事件の管轄の特例等が設けられており，手続の円滑な進行のために債権者の数を把握しておくことが重要と考えられることから，手続開始の申立書において債権者の数を記載することが求められている（破産規13条２項１号につき条解破産規37頁，民再規13条１項３号につき条解民再規37頁参照）。

（注10）　特定適格消費者団体が共通義務確認訴訟を提起したことについては，当該特定適格消費者団体からの通知及び内閣総理大臣からの伝達によって，全ての特定適格消費者団体が知り得る（法78条１項１号，２項）。また，他の共通義務確認訴訟の事件番号や請求の内容等の情報についても，必要に応じて，通知等を受けた特定適格消費者団体から他の特定適格消費者団体に照会することによって入手することが可能と考えられる（法75条３項，本規則１条２項参照。なお，消費者契約法23条４項に基づく差止請求に関する通知についても，通知を受けた適格消費者団体が，必要に応じて，他の適格消費者団体に照会を行うことが想定されている。逐条消費者契約法364頁参照。）。

（注11）　民訴規54条や人訴規11条の「事件の表示」も同様に解されることについては，条解民訴規120頁及び人訴執務資料23頁以下参照

（注12）　具体的には，対象とされた事案についての原告となる特定適格消費者団体自体への相談件数，独立行政法人国民生活センター及び地方公共団体から提供を

受けた相談に関する情報（全国消費生活情報ネットワーク・システム（ＰＩＯ－ＮＥＴ）の情報。法91条１項参照），被告となる事業者が公表した情報及び一般に報道された情報に関する資料等が考えられる。

（裁量移送における取扱い・法第６条）

第３条　法第６条第５項ただし書又は第６項の申立てがあったときは，裁判所は，相手方の意見を聴いて決定をするものとする。

２　裁判所は，職権により法第６条第５項ただし書又は第６項の規定による移送の決定をするときは，当事者の意見を聴くことができる。

（管轄及び移送）

法第６条　共通義務確認訴訟については，民事訴訟法（平成８年法律第109号）第５条（第５号に係る部分を除く。）の規定は，適用しない。

２　次の各号に掲げる請求に係る金銭の支払義務についての共通義務確認の訴えは，当該各号に定める地を管轄する地方裁判所にも提起することができる。

一　第３条第１項第１号から第４号までに掲げる請求　義務履行地

二　第３条第１項第５号に掲げる請求　不法行為があった地

３　対象消費者の数が五百人以上であると見込まれるときは，民事訴訟法第４条第１項若しくは第５条第５号又は前項の規定による管轄裁判所の所在地を管轄する高等裁判所の所在地を管轄する地方裁判所にも，共通義務確認の訴えを提起することができる。

４　対象消費者の数が千人以上であると見込まれるときは，東京地方裁判所又は大阪地方裁判所にも，共通義務確認の訴えを提起することができる。

５　民事訴訟法第４条第１項，第５条第５号，第11条第１項若しくは第12条又は前三項の規定により二以上の地方裁判所が管轄権を有するときは，共通義務確認の訴えは，先に訴えの提起があった地方裁判所が管轄する。ただし，その地方裁判所は，著しい損害又は遅滞を避けるため必要があると認めるときは，申立てにより又は職権で，当該共通義務確認の訴えに係る訴訟の全部又は一部を他の管轄裁判所に移送することができる。

６　裁判所は，共通義務確認訴訟がその管轄に属する場合においても，他の裁判所に事実上及び法律上同種の原因に基づく請求を目的とする共通義務確認訴訟が係属している場合において，当事者の住所又は所在地，尋問を受けるべき証人の住所，争点又は証拠の共通性その他の事情を考慮して相当と認めるときは，申立てにより又は職権で，当該共通義務確認訴訟の全部又は一部について，当該他の裁判所に移送することができる。

〔解　説〕

１　本条の趣旨

本条は，法６条５項ただし書又は６項の規定による裁量移送における当事者の意見の聴取について定めたもので，申立てによる移送に当たっては必要的に（１項），職権による移送に当たっては任意的に（２項），相手方当事者ないし双方当事者の意見を聴取することとしたものであり，民訴規８条と同趣旨の規定である。

２　本条を設けた理由

民訴規８条では，民訴法17条等の規定による裁量移送について，その申立てがあったときには，申立ての理由（民訴規７条２項）等(注1)により明らかにされる申立人側の事情だけでなく，相手方の事情をも裁量移送の判断に反映させるために，裁判所が必要的に相手方の意見を聴くこととし，また，裁判所が職権により裁量移送の決定をする場合において，当事者の意見を聴くことができることが確認的に明らかにされている(注2)。

共通義務確認訴訟については，複数の管轄裁判所がある場合にも，先に訴えの提起があった地方裁判所の専属管轄に属することとされているが（法６条５項本文），その地方裁判所は，著しい損害又は遅滞を避けるため必要があると認めるときは，申立てにより又は職権で，当該共通義務確認訴訟を他の管轄裁判所に移送することができると定められている（同項ただし書）。また，他の裁判所に事実上及び法律上同種の原因に基づく請求を目的とする共通義務確認訴訟が係属している場合において，当事者の住所又は所在地，尋問を受けるべき証人の住所，争点又は証拠の共通性その他の事情を考慮して相当と認めるときは，申立てにより又は職権で，当該共通義務確認訴訟を当該他の裁判所に移送することができると定められている（同条６項）。

これらの規定による共通義務確認訴訟の裁量移送の際の意見聴取についても，上記の民訴法の規定による裁量移送の場合と同様の取扱いとすることが相当と考えられるため，民訴規８条と同様の規定を置くこととした。

（注１）　移送の申立ての方式一般について定める民訴規７条は，法６条５項ただし書又は６項の規定による移送の申立てにも適用されるものである。

（注２）　条解民訴規21頁以下，条解民訴規（増補版）２頁以下参照

（弁論等の必要的併合の申出の方式・法第７条）

第４条　法第７条第２項の規定による申出は，期日においてする場合を除き，書面でしなければならない。

２　前項の申出は，事件の表示を明らかにしてしなければならない。

（弁論等の必要的併合）

法第７条　請求の内容及び相手方が同一である共通義務確認訴訟が数個同時に係属するときは，その弁論及び裁判は，併合してしなければならない。

２　前項に規定する場合には，当事者は，その旨を裁判所に申し出なければならない。

〔解　説〕

１　本条の趣旨

本条は，法７条２項が，請求の内容及び相手方が同一である共通義務確認

訴訟が数個同時に係属するときは，当事者はその旨を裁判所に申し出なければならないと規定していることを受けて，その申出の方式について，その申出は原則として書面によること（１項）及び事件の表示を明示すること（２項）を定めるものである。

２　本条を設けた理由

請求の内容及び相手方が同一である共通義務確認訴訟の弁論及び裁判は併合してしなければならないと定められているところ（法７条１項），このような共通義務確認訴訟が数個同時に係属する場合であっても，裁判所はその事実を必ずしも把握することができるとは限らないため，その事実を知り得る立場にある当事者が裁判所にその旨を申し出なければならないと定められている（同条２項）(注１)。そして，法７条２項の規定による申出がされた場合には，裁判所が同条１項の要件に該当するかの判断を行うため，他の事件を具体的に特定するための正確な情報を得る必要があると考えられる。

そこで，本条は，法７条２項の規定による申出の書面性及び当該申出の際に他の事件の「事件の表示」(注２)(注３)を明示すべきことを規定したものである(注４)。なお，本条１項は，法７条２項の規定による申出について，期日調書に記載することにより，申出の内容を明確にすることができる期日（口頭弁論期日，弁論準備手続期日等）においてする場合には口頭で行うことを認めているが（民訴規１条１項），この場合においても，本条２項は適用されるので，申出をする当事者は，口頭で事件の表示を明らかにしなければならない。

（注１）　一問一答47頁参照

（注２）　「事件の表示」とは，２条２項２号等と同様に，当該他の共通義務確認訴訟に係る事件の事件番号を指す。

（注３）　法７条１項に規定する場合は，数個の共通義務確認訴訟が同一の裁判所に係属する場合と考えられるため，本条２項では，法７条２項の規定による申出に当たって「裁判所の表示」を明らかにすることは求めないこととしている。なお，複数の裁判所に「請求の内容及び相手方が同一である共通義務確認訴訟」

が係属する場合は，法６条５項により，先に訴えの提起があった地方裁判所の管轄に属することとなるが，民訴法16条１項等に基づいて移送がされた結果，同一の裁判所にこのような共通義務確認訴訟が係属することになった場合には法７条の規定が適用されることになると考えられる。

（注４）　請求の内容及び相手方が同一である他の共通義務確認訴訟の存在を把握するための特定適格消費者団体間の情報共有について，１条２項の解説参照

（和解の際に明らかにすべき事項・法第10条）

第５条　当事者は，法第２条第４号に規定する義務が存することを認める旨の和解をする場合においては，当該義務に係る次に掲げる事項を明らかにしてしなければならない。

一　対象債権及び対象消費者の範囲

二　事実上及び法律上の原因

（定義）

法第２条　この法律において，次の各号に掲げる用語の意義は，当該各号に定めるところによる。

四　共通義務確認の訴え　消費者契約に関して相当多数の消費者に生じた財産的被害について，事業者が，これらの消費者に対し，これらの消費者に共通する事実上及び法律上の原因に基づき，個々の消費者の事情によりその金銭の支払請求に理由がない場合を除いて，金銭を支払う義務を負うべきことの確認を求める訴えをいう。

（共通義務確認訴訟における和解）

法第10条　特定適格消費者団体は，共通義務確認訴訟において，当該共通義務確認訴訟の目的である第２条第４号に規定する義務の存否について，和解をすることができる。

第５条　和解の際に明らかにすべき事項

〔解　説〕

1　本条の趣旨

本条は，共通義務確認訴訟において法２条４号に規定する義務（以下「共通義務」という。）が存することを認める旨の和解をすることが認められており（法10条），これが簡易確定手続の開始原因とされていること（法12条）を受けて，当事者がそのような和解をする場合の方式について，「対象債権及び対象消費者の範囲」（１号）及び「事実上及び法律上の原因」（２号）を明らかにすべきことを定めるものである(注１)。

2　和解の際に明らかにすべき事項

(1)　「対象債権及び対象消費者の範囲」（１号）

「対象債権及び対象消費者の範囲」は，共通義務確認の訴えの訴状（法５条）及び判決書に記載されるほか，簡易確定手続開始申立書及び簡易確定手続開始決定の必要的記載事項とされている（法16条，同20条，本規則11条１項５号）ものであり(注２)，共通義務があることを認める旨の和解をするに当たっては，当然に当該義務に係る「対象債権及び対象消費者の範囲」を明らかにして共通義務の内容について合意がされることになるものと考えられる。

そこで，本条１号は，この点について確認的に規定を置くものである。

(2)　「事実上及び法律上の原因」（２号）

本条２号は，債権届出の際に届出書に記載できる請求の原因が「共通義務確認訴訟において認められた義務に係る事実上及び法律上の原因を前提とするもの」に限定されている（法30条２項２号括弧書き）ことを受けて，当事者が共通義務が存することを認める旨の和解をするに当たって，合意された共通義務がどのような「事実上及び法律上の原因」を前提とするものかを明らかにすべきことを定めるものである。

法30条２項２号括弧書きにいう「共通義務確認訴訟において認められた義務に係る事実上及び法律上の原因」とは，通常の訴訟において債権の特定要素として記載が求められるような，いわゆる特定のための請求原因(注３)に限られるものではなく，通常の訴訟において「請求を理由づける事実」

（民訴規53条１項）として扱われるような事実も含むものである。

例えば，共通義務確認訴訟において，契約の取消しを理由とする契約代金についての不当利得に係る共通義務を認める旨の和解をする場合，「共通義務確認訴訟において認められた義務に係る事実上及び法律上の原因」を明らかにするためには，そこで合意がされる義務が民法上の詐欺取消しに基づくものか，消費者契約法の規定による取消しに基づくものであるかの区別まで明らかにすることが求められ（注４）（注５），前者の原因を前提として和解をした場合には，後者の原因を債権届出の際に主張することはできなくなる。そのため，和解をする場合においては，いずれの取消原因に基づくものであるかを明らかにすることが求められるものである。

（注１）　一般的な和解調書の記載事項としては，審判の対象である訴訟物を特定表示する「請求の表示」の記載，和解の具体的内容（当事者の合意内容）を記載する「和解条項」の記載等があるが（実務講義案Ⅰ307頁，313頁），本条１号及び２号の事項は，当事者の合意内容に係るものであるから，和解調書中の「和解条項」部分において記載がされるべきものである。

（注２）　「対象債権及び対象消費者の範囲」の記載及び特定の必要性については，２条の解説参照

（注３）　コンメ民訴法Ⅲ42頁，条解民訴規116頁参照

（注４）　法30条２項２号括弧書きの「事実上及び法律上の原因」の関係で，このような区別がされることについて，一問一答83頁参照

（注５）　当事者が合意に当たってこの点を明らかにしなかった場合にも，そのことによって直ちに和解の効力に影響するものではないと考えられるが，この点を明らかにせずに合意をした場合には，簡易確定手続において届出書に記載できる請求原因の範囲をめぐって，和解の意味内容が争われることが容易に推測されることから，当事者は必ず本条２号に掲げる事項を明示的に合意すべきであろう。

第３章　対象債権の確定手続

第１節　簡易確定手続

第１款　通則

（申立て等の方式）

第６条　簡易確定手続に関する申立て，届出及び申出は，特別の定めがある場合を除き，書面でしなければならない。

〔解　説〕

1　本条の趣旨

本条は，簡易確定手続に関する申立て，届出及び申出は，原則として書面でしなければならないことを定める規定であり，破産規１条１項，民再規２条１項，２項等と同趣旨の規定である（注１）。

簡易確定手続に関する申立て等については，特段の規定を設けないと，35条で民訴規１条１項が準用される結果，書面又は口頭ですることができることとなる。しかし，簡易確定手続は，多数の届出債権について認否等により迅速な確定を図るものであることから，その中での申立て等の内容については書面によって明確にされる必要性が高いと考えられる。そこで，これらの方式について，原則として書面で行わなければならないとの規定を設けることとしたものである（注２）。

2　簡易確定手続に関する申立て，届出及び申出

本条が規定する申立て等には，簡易確定手続に関するものであれば全て含まれ，法及び本規則に固有の申立て等のみならず，法50条等において準用される民訴法及び35条等において準用される民訴規に基づく申立て等が含まれる。

⑴　申立て

本条の「申立て」とは，裁判所や裁判所書記官に対して裁判等の一定の行為を要求する当事者その他の者の陳述を意味し，個別の条文で「申立て」と規定されているもののほか「請求」と規定されているものを含む。

裁判所に対する「申立て」の例としては，届出期間又は認否期間の伸長の申立て（法24条１項），情報開示命令の申立て（法29条１項），届出債権の支払を命ずる簡易確定決定についての仮執行宣言の申立て（法44条４項），簡易確定決定に対する異議の申立て（法46条１項，２項），簡易確定手続の費用及び個別費用の負担を命ずる決定の申立て（法48条３項，同49条１項）等がある。なお，法において書面ですべきことを定められた申立てとしては簡易確定手続開始の申立て（法16条）がある。

裁判所書記官に対する「申立て」の例としては，届出消費者表の更正の申立て（法41条３項），簡易確定手続の費用及び個別費用の負担の額を定める処分を求める申立て（法48条５項，同49条３項において準用する民訴法71条１項，同72条）等がある。

(2)　届出

本条の「届出」の例としては，授権の取消しの裁判所への届出（20条３項），授権契約の解除の裁判所への届出（21条）がある。なお，法において書面ですべきことを定められた届出としては債権届出（法30条２項）がある。

(3)　申出

本条の「申出」の例としては，認否を争う旨の申出（法43条１項）がある。

3　書面性の例外としての「特別の定め」

本条の「特別の定め」とは，個別の規定において申立て等の方式について定めている規定である。期日においては口頭で行うことも可能とされているものとして，移送の申立て（35条において準用する民訴規７条１項），簡易確定手続開始の申立ての取下げ（法18条２項において準用する民訴法261条３項ただし書），債権届出の取下げ（法40条２項において準用する民訴法261条３項ただし書）等がある。

（注１）　条解破産規１頁以下，条解民再規２頁以下参照

（注２）　本条に掲げたもの以外の簡易確定手続における「申述」一般については，35

条で準用する民訴規１条１項により，原則として，書面又は口頭ですることができることとなる（破産規１条１項においても，同項に掲げたもの以外の「申述」一般について同様に解されている。条解破産規６頁参照。）。

ただし，本規則では，簡易確定手続における本条の対象とならない申述のうち，届出債権の認否（27条１項），異議を申し立てる権利の放棄の申述（33条２項）については，その内容を明確にする必要性が高いことから，書面ですべき旨を個別に定めている。

（調書）

第７条　簡易確定手続における調書（口頭弁論の調書を除く。）は，作成することを要しない。ただし，裁判長が作成を命じたときは，この限りでない。

〔解　説〕

1　本条の趣旨

本条は，簡易確定手続における調書については，口頭弁論の調書を除き，原則として作成することを要せず，裁判長が作成を命じたときに限り作成することを定める規定であり，破産規４条，民再規３条，会更規４条と同趣旨の規定である[注1]。

2　本条を設けた理由

調書について特段の規定を設けない場合，35条により民訴規１条及び同78条が準用されることにより，口頭での申述があった場合や，審尋（法13条２項参照）の期日が開かれた場合には，常に調書を作成しなければならないこととなる（民訴規１条２項，同78条による民訴法160条１項の準用）。

しかし，簡易確定手続に関する申立て等については原則として書面で行うこととしており（６条）[注2]，書面で行うことを義務付けられていない申述が口頭でされた場合について，常に調書という形式での記録化をする必要があるとまでは考えられず，調書による記録化を必要とすることによってかえって手続の円滑迅速な進行を阻害するおそれもあるところである。

また，審尋は無方式で適宜な方法で行えば足りる手続であるので，審尋の期日を開いたことや方式が遵守されたことを記録するために調書を作成する必要はない。さらに，簡易確定手続における審理内容が異議後の訴訟に引き継がれないと解されることからすると，簡易確定手続における期日での審理の内容を記録化する要請も低く，審尋の期日に提出された主張や証拠についても，準備書面や書証の提出により明らかにされれば足りると考えられる。

そこで，本条は，簡易確定手続における調書については，裁判長がその必要性を認めて作成を命じた場合に限り（注３），作成すれば足りるとしたものである。

（注１）　条解破産規13頁以下，条解民再規７頁以下，条解会更規19頁以下参照。なお，口頭弁論期日が開かれた場合，同期日については，法50条により民訴法160条１項の規定が準用されるので，期日ごとに調書を作成することを要する。

（注２）　６条の対象とならない申述についても，内容の明確化を図る必要性が高いものについては，書面で行うことについて個別に規定を置いている（６条の解説（注２）参照)。

（注３）　審尋の期日において，調書に記載されるべき，和解（法37条)，簡易確定手続開始の申立ての取下げ（法18条１項)，債権届出の取下げ（法40条１項）等が行われることがあり得るが，本条ただし書により適宜対応がされることになるものと考えられる。なお，裁判長は期日に行われた手続行為の一部について調書の作成を命じることもできる（条解民保規62頁（注３）参照)。

（即時抗告に係る事件記録の送付）

第８条　簡易確定手続における決定に対する即時抗告があった場合において，原裁判所が簡易確定手続に係る事件の記録を送付する必要がないと認めたときは，原裁判所の裁判所書記官は，抗告事件の記録のみを抗告裁判所の裁判所書記官に送付すれば足りる。

２　前項の規定により抗告事件の記録が送付された場合において，抗告裁判所が簡易確定手続に係る事件の記録が必要であると認めたときは，抗告裁判所の裁判所書記官は，速やかに，その送付を原裁判所の裁判所書記官に求めなければならない。

第８条　即時抗告に係る事件記録の送付

〔解　説〕

1　本条の趣旨

本条は，簡易確定手続における決定[注1]に対して即時抗告があった場合の記録の送付について定める規定であり，破産規５条，民再規４条，会更規５条と同趣旨の規定である[注2]。

2　抗告事件の記録の送付（１項）

簡易確定手続における決定に対する即時抗告があった場合の記録の送付については，特段の規定を設けないと，35条により民訴規205条が準用され（これにより民訴規174条が準用されることとなる。），抗告事件の記録のほか，簡易確定手続に係る事件の記録をも抗告裁判所の裁判所書記官に送付すべきこととなる。

しかしながら，簡易確定手続が多数の届出消費者の届出債権に関係する手続であることに鑑みれば，即時抗告があった場合にも，簡易確定手続に係る事件の記録全体を送付する必要性に乏しい場合もあり得るところである。例えば，債権届出却下決定に対する即時抗告（法36条２項）の場合のように，特定の届出債権のみに関係する即時抗告があった場合については，簡易確定手続に係る事件の記録全体を抗告裁判所に送付することなく，他の届出債権に関する手続を進行させるのが相当な場合が考えられる。

そこで，本条１項においては，原裁判所が簡易確定手続に係る事件の記録を送付する必要がないと認めたときは，抗告事件の記録のみを，抗告裁判所の裁判所書記官に送付すれば足りると定めた。なお，本条１項の「抗告事件の記録」とは，抗告提起後に作成された記録を指すものであるが，これは，最低限送付しなければならない記録について規律する趣旨であり，実際の運用として，その他の必要と思われる記録を送付することを妨げるものではない[注3]。

3　簡易確定手続に係る事件の記録の送付（２項）

原裁判所が簡易確定手続に係る事件の記録を送付する必要がないと認めたときであっても，抗告裁判所が抗告事件の審理のために当該記録を必要とする場合があり得る。

そこで，本条２項は，そのような場合には，抗告裁判所の裁判所書記官は，速やかに，簡易確定手続に係る事件の記録の送付を原裁判所の裁判所書記官に求めなければならないこととしたものである。なお，抗告裁判所の裁判所書記官は，必要と認める範囲で送付を求めることができ，簡易確定手続に係る事件の記録の一部についての送付を求めることもできる（注４）。

（注１）　「簡易確定手続における決定」とは，簡易確定手続開始の申立てを却下する決定（法19条２項）のように手続全体の開始に関わる決定のほか，債権届出却下決定等を含むものである。

（注２）　条解破産規15頁以下，条解民再規９頁以下，条解会更規20頁以下参照

（注３）　条解家事規158頁参照

（注４）　条解会更規22頁参照

（決定の確定証明書）

第９条　第一審裁判所の裁判所書記官は，当事者又は利害関係を疎明した第三者の請求により，簡易確定手続に係る事件の記録に基づいて簡易確定手続における決定の確定についての証明書を交付する。

２　簡易確定手続に係る事件がなお抗告審に係属中であるときは，前項の規定にかかわらず，当該簡易確定手続に係る事件の記録の存する裁判所の裁判所書記官が，決定の確定した部分のみについて同項の証明書を交付する。

〔解　説〕

１　本条の趣旨

本条は，簡易確定手続における決定（注１）の確定証明書の交付主体について定めた規定であり，民訴規48条，非訟規46条と基本的に同趣旨の規定である（注２）。

２　本条を設けた理由

法50条において準用される民訴法91条３項により，当事者及び利害関係を

疎明した第三者は，裁判所書記官に対して，簡易確定手続における決定の確定証明書の交付を請求することができると考えられる(注3)。

これを受けて，本条は，この確定証明書について，原則として第一審裁判所の裁判所書記官が交付し（1項），簡易確定手続に係る事件が抗告審に係属中であるときには当該簡易確定手続に係る事件の記録の存する裁判所の裁判所書記官が決定の確定した部分について交付すること（2項）を定めて，その交付主体を明確にするものである。

簡易確定手続における決定に対する即時抗告がされた場合については，簡易確定手続に係る事件の記録が抗告裁判所に送付されるとは限らないことから（8条），本条2項では，抗告事件の記録のみが抗告裁判所に送付されたときには，抗告裁判所ではなく，簡易確定手続に係る事件の記録の存する原裁判所の裁判所書記官が確定証明書を交付することとしている(注4)(注5)。

（注1）　8条同様，債権届出却下決定等を含む（8条の解説（注1）参照）。

（注2）　条解民訴規104頁以下，条解非訟規121頁以下参照

（注3）　条解民訴規105頁参照

（注4）　非訟規46条2項，家事規49条2項参照（条解非訟規122頁以下，条解家事規122頁参照）

（注5）　本条2項の「簡易確定手続に係る事件がなお抗告審に係属中であるとき」とは，簡易確定手続開始の申立てを却下する決定（法19条2項）のように手続全体の開始に関わる決定のほか，債権届出却下決定等が抗告審に係属している場合を含むものである。

例えば，ある届出債権についての債権届出却下決定について即時抗告がされた場合を考えると，8条の規定により，抗告事件の記録のみが抗告裁判所に送られることがあり得る。その時点で他の届出債権についての簡易確定決定の確定証明書の交付請求がされる場合を想定すると，当該他の届出債権に関する部分を含めて簡易確定手続に係る事件の記録が原裁判所に存する場合には原裁判所の裁判所書記官が交付することが可能である。

（公告事務の取扱者）

第10条　簡易確定手続における公告に関する事務は，裁判所書記官が取り扱う。

〔解　説〕

1　本条の趣旨

本条は，簡易確定手続における公告に関する事務は，裁判所書記官が取り扱うことを定めるものであり，破産規６条，民再規５条，会更規６条等と同趣旨の規定である（注１）。

2　簡易確定手続における公告

本条の対象となる「簡易確定手続における公告」としては，簡易確定手続開始の公告（法22条１項），届出期間又は認否期間の伸長の決定の公告（法24条３項），簡易確定手続申立団体の名称及び住所に変更があった場合の公告（法26条３項後段）がある（注２）。

3　公告に関する事務

本条の「公告に関する事務」とは，具体的には，公告すべき事項を記載した原稿を作成し，官報（法22条１項参照）の掲載を依頼し，掲載に要した費用の払出しを行うことなどである。これらの公告に関する事務は，破産手続その他の裁判所の手続においても裁判所書記官が行っていることから，これを裁判所書記官が取り扱うことを規定したものである。

（注１）　条解破産規17頁，条解民再規11頁以下，条解会更規23頁参照

（注２）　簡易確定手続においては，簡易確定手続申立団体が行う公告もあるが（法26条），本条は裁判所が行う公告にのみ適用されるものである。

第２款　簡易確定手続の開始

（簡易確定手続開始の申立書の記載事項・法第16条）

第11条　法第16条の最高裁判所規則で定める事項は，次に掲げるものとする。

一　簡易確定手続開始の申立てをする特定適格消費者団体の名称及び住所並びに代表者の氏名

二　相手方の氏名又は名称及び住所並びに法定代理人の氏名及び住所

三　申立ての趣旨

四　簡易確定手続開始の原因となる事実

五　対象債権及び対象消費者の範囲

２　簡易確定手続開始の申立書には，前項各号に掲げる事項を記載するほか，次に掲げる事項を記載するものとする。

一　届出期間についての前項第１号の特定適格消費者団体の意見

二　前号の特定適格消費者団体又は代理人の郵便番号及び電話番号（ファクシミリの番号を含む。）

三　法第12条に規定する特定適格消費者団体が二以上あるときは，他の特定適格消費者団体による簡易確定手続開始の申立ての見込み

３　前項第１号に掲げる事項の記載は，できる限り，次に掲げる事項を明らかにしてしなければならない。

一　届出消費者の数の見込み

二　予定している法第25条第１項の規定による通知及び法第26条第１項の規定による公告の方法並びにこれらに要する期間

三　情報開示命令の申立ての見込み

（簡易確定手続の当事者等）

法第12条　簡易確定手続は，共通義務確認訴訟における請求を認容する判決が確定した時又は請求の認諾（第２条第４号に規定する義務が存することを認める旨の和解を含む。以下この款において同じ。）によって共通義務確認訴訟が終了した時に当事者であった特定適格消費者団体（第

87条第２項の規定による指定があった場合には，その指定を受けた特定適格消費者団体）の申立てにより，当該判決が確定した時又は請求の認諾によって当該共通義務確認訴訟が終了した時に当事者であった事業者を相手方として，共通義務確認訴訟の第一審の終局判決をした地方裁判所（第一審において請求の認諾によって共通義務確認訴訟が終了したときは，当該共通義務確認訴訟が係属していた地方裁判所）が行う。

（簡易確定手続開始の申立ての方式）

法第16条　簡易確定手続開始の申立ては，最高裁判所規則で定める事項を記載した書面でしなければならない。

（簡易確定手続申立団体による通知）

法第25条　簡易確定手続開始決定がされたときは，簡易確定手続申立団体は，正当な理由がある場合を除き，届出期間の末日の一月前までに，知れている対象消費者に対し，次に掲げる事項を書面又は電磁的方法（電子情報処理組織を使用する方法その他の情報通信の技術を利用する方法をいう。以下同じ。）であって内閣府令で定めるものにより通知しなければならない。

一　被害回復裁判手続の概要及び事案の内容

二　共通義務確認訴訟の確定判決の内容（請求の認諾がされた場合には，その内容）

三　対象債権及び対象消費者の範囲

四　簡易確定手続申立団体の名称及び住所

五　簡易確定手続申立団体が支払を受ける報酬又は費用がある場合には，その額又は算定方法，支払方法その他必要な事項

六　対象消費者が簡易確定手続申立団体に対して第31条第１項の授権をする方法及び期間

七　その他内閣府令で定める事項

２　簡易確定手続申立団体が二以上ある場合において，いずれか一の簡易

確定手続申立団体が前項の規定による通知をしたときは，他の簡易確定手続申立団体は，同項の規定にかかわらず，同項の規定による通知をすることを要しない。

（簡易確定手続申立団体による公告等）

法第26条　簡易確定手続開始決定がされたときは，簡易確定手続申立団体は，正当な理由がある場合を除き，届出期間の末日の一月前までに，前条第１項各号に掲げる事項を相当な方法により公告しなければならない。

２　簡易確定手続申立団体が二以上ある場合において，いずれか一の簡易確定手続申立団体が前項の規定による公告をしたときは，他の簡易確定手続申立団体は，同項の規定にかかわらず，同項の規定による公告をすることを要しない。

３　第１項の規定による公告後，届出期間中に前条第１項第４号に掲げる事項に変更があったときは，当該変更に係る簡易確定手続申立団体は，遅滞なく，その旨を，相当な方法により公告するとともに，裁判所及び相手方に通知しなければならない。この場合において，当該通知を受けた裁判所は，直ちに，官報に掲載してその旨を公告しなければならない。

４　第１項の規定による公告後，届出期間中に前条第１項第５号から第７号までに掲げる事項に変更があったときは，当該変更に係る簡易確定手続申立団体は，遅滞なく，その旨を，相当な方法により公告しなければならない。

〔解　説〕

1　本条の趣旨

本条は，簡易確定手続開始の申立書（法16条）の記載事項につき，必要的記載事項（１項），任意的記載事項（２項）及び届出期間についての特定適格消費者団体の意見の記載方法（３項）を定めるものである。

2　簡易確定手続開始の申立書の必要的記載事項（１項）

本条1項は，法16条の委任を受けて，簡易確定手続開始の申立書の必要的記載事項を定めるものである(注1)。本条1項1号や2号の当事者等の氏名や住所等の記載を欠き，当事者又は法定代理人（代表者）が特定されないこととなる場合には，申立書の補正命令（法50条で準用する民訴法137条1項）の対象となり，補正されない場合には，不適法な申立てとして，簡易確定手続開始の申立てが却下され得る。

(1)　簡易確定手続開始の申立てをする特定適格消費者団体の名称等（1号）

簡易確定手続開始の申立てをする特定適格消費者団体及びその代表者を特定するための事項を記載事項として定めるものである(注2)。

なお，本条1項1号の記載事項のほか，任意代理人によって簡易確定手続開始の申立てをするときは，当該任意代理人の氏名及び住所を任意的記載事項として記載することとなる（35条で準用する民訴規2条1項1号）。また，特定適格消費者団体の代表者については資格証明書（35条で準用する民訴規18条，同15条）を，任意代理人については委任状等その権限を明らかにする書面（35条で準用する民訴規23条1項）を提出する必要がある(注3)。

(2)　相手方の氏名等（2号）

簡易確定手続の相手方である事業者(注4)及びその法定代理人を特定するための事項を記載事項として定めるものである。

法定代理人に関する記載については，相手方に法定代理人があるときは法定代理人について，相手方が法人又はそれに準じる者であるときはその代表者について記載しなければならない（35条で準用する民訴規18条，同2条1項1号）。なお，相手方の法定代理人又は代表者については，資格証明書を提出する必要がある（35条で準用する民訴規15条，同18条）。

(3)　申立ての趣旨（3号）

申立ての趣旨とは，簡易確定手続開始の決定の主文に対応する申立ての結論部分である(注5)。

(4)　簡易確定手続開始の原因となる事実（4号）

簡易確定手続開始の原因となる事実として，共通義務確認訴訟における請求を認容する判決が確定したこと又は請求の認諾若しくは共通義務が存することを認める旨の和解によって共通義務確認訴訟が終了したこと（法12条）の記載を求めるものであり，これらの記載の中で，簡易確定手続開始の申立期間の起算日となる日の記載もされることとなる。

⑸　「対象債権及び対象消費者の範囲」（５号）

簡易確定手続開始決定の決定書には「対象債権及び対象消費者の範囲」を記載しなければならないとされていること（法20条）を受けて，簡易確定手続開始の申立てに係る「対象債権及び対象消費者の範囲」（注６）を簡易確定手続開始の申立書に記載すべきことを明らかにしたものである。

3　簡易確定手続開始の申立書の任意的記載事項（２項）

本条２項は，簡易確定手続開始の申立書の任意的記載事項を定めるものである。本条２項に規定する記載事項は，１項と異なり，その記載がなくても，直ちに申立てが却下されたりすることとはならない。

⑴　届出期間についての特定適格消費者団体の意見（１号）

法21条により，裁判所は簡易確定手続開始決定と同時に届出期間及び認否期間を定めることとなるが，様々な事情を考慮した上で適切な期間を決定することができるよう，簡易確定手続開始の申立書の記載事項として，簡易確定手続開始の申立てをする特定適格消費者団体に届出期間についての意見の記載を求めることとしている（注７）。

⑵　特定適格消費者団体又は代理人の郵便番号及び電話番号（２号）

通知，送達その他の連絡事務を円滑に進めるため，簡易確定手続開始の申立てをする特定適格消費者団体又はその代理人の電話番号等の記載を求めるものであり，民訴規53条４項と同趣旨の規定である（注８）。

⑶　他の特定適格消費者団体による簡易確定手続開始の申立ての見込み（３号）

法12条に規定する特定適格消費者団体が二以上ある場合に，簡易確定手続開始の申立書に，他の特定適格消費者団体による簡易確定手続開始の申立ての見込みの記載を求めるものである。

法12条に規定する特定適格消費者団体が複数存在する場合，これらの特定適格消費者団体は，簡易確定手続開始の申立てを共同して行うことも考えられるが，それぞれが別個に申立てをすることも考えられる。簡易確定手続を追行する特定適格消費者団体の数は簡易確定手続全体の進行に関わる事項である上，簡易確定手続開始決定がされた後には，法15条１項に定める期間内であっても，同一の事件について他の特定適格消費者団体が更に簡易確定手続開始の申立てをすることができなくなることから（法23条），裁判所は，簡易確定手続開始決定をするに当たり，他の特定適格消費者団体による簡易確定手続の申立てが見込まれるか否かを把握する必要があるといえる。そのため，簡易確定手続開始の申立書において，他の特定適格消費者団体による簡易確定手続開始の申立ての見込みの記載を求めることとしたものである（注９）。

4　届出期間についての特定適格消費者団体の意見の記載方法（３項）

本条３項は，届出期間についての特定適格消費者団体の意見（本条２項１号）の記載方法を具体的に定めるものである。

本条３項各号に列挙した，届出消費者の数の見込み（１号），予定している通知（法25条１項）及び公告（法26条１項）の方法並びにこれらに要する期間（２号），情報開示命令の申立ての見込み（３号）は，いずれも届出期間を定める際の判断に有益と考えられる事項であるため，届出期間についての意見の記載に当たっては，できる限り，これらの事項を明らかにしなければならないこととしたものである。

（注１）　本条１項１号から４号までの記載事項は，破産規13条１項各号，民再規12条１項１号から４号までと基本的に同様である（条解破産規34頁以下，条解民再規32頁以下参照）。

（注２）　本条１項１号においては，簡易確定手続開始の申立てをする特定適格消費者団体の代表者の特定の方法として，その「住所」の記載を求めないこととしている（通常は，代表者としての資格及び氏名を記載することによって，代表者については特定できると考えられるためである。）。

（注３）　破産手続開始の申立書等の記載事項等についても同様に解されている（条解

破産規36頁，条解民再規32頁以下参照)。

（注４）　法12条参照。なお，本規則第３章第１節（簡易確定手続）においては，「相手方」とは簡易確定手続の相手方である事業者を指す（法21条参照)。

（注５）　破産規13条１項３号，民再規12条１項３号も同様に解されている（条解破産規36頁，条解民再規33頁参照)。

（注６）　共通義務確認訴訟の判決等において認められた共通義務に係る「対象債権及び対象消費者の範囲」を超える申立ては認められない。

（注７）　本条２項１号の規定による意見の記載の他に，届出期間及び認否期間について裁判所が双方の当事者から意見を聴くことができることについて，13条３項の解説参照

（注８）　条解民訴規118頁参照

（注９）　他の特定適格消費者団体による申立ての見込みを把握するための特定適格消費者団体間の情報共有について，１条２項の解説参照

（簡易確定手続開始の申立書の添付書面・法第16条）

第12条　簡易確定手続開始の申立書には，次に掲げるいずれかの書面を添付しなければならない。

一　共通義務確認訴訟における請求を認容する判決についての判決書又は民事訴訟法（平成８年法律第109号）第254条第２項の調書の謄本及び当該判決の確定についての証明書

二　請求の認諾（法第２条第４号に規定する義務が存することを認める旨の和解を含む。）の調書の謄本

法第２条（第５条を参照）

法第16条（第11条を参照）

（言渡しの方式の特則）

民訴法第254条　次に掲げる場合において，原告の請求を認容するときは，判決の言渡しは，第252条の規定にかかわらず，判決書の原本に基づか

ないですることができる。

一　被告が口頭弁論において原告の主張した事実を争わず，その他何らの防御の方法をも提出しない場合

二　被告が公示送達による呼出しを受けたにもかかわらず口頭弁論の期日に出頭しない場合（被告の提出した準備書面が口頭弁論において陳述されたものとみなされた場合を除く。）

2　前項の規定により判決の言渡しをしたときは，裁判所は，判決書の作成に代えて，裁判所書記官に，当事者及び法定代理人，主文，請求並びに理由の要旨を，判決の言渡しをした口頭弁論期日の調書に記載させなければならない。

〔解　説〕

1　本条の趣旨

本条は，簡易確定手続開始の申立書の添付書面について定めるものである。

2　本条を設けた理由

11条1項4号において，簡易確定手続開始の原因となる事実（法12条参照）を簡易確定手続開始の申立書の必要的記載事項として定めているが，当該事実については，共通義務確認訴訟において請求を認容する判決が確定した場合であれば当該判決の判決書又は判決書に代わる調書（民訴法254条2項）の謄本（注1）及び当該判決の確定証明書（1号）の記載によって，共通義務確認訴訟が請求の認諾又は共通義務が存することを認める和解によって終了した場合であれば，当該請求の認諾又は和解の調書の謄本（2号）の記載によって，通常，容易かつ正確に証明されるものと考えられる。また，法15条1項は，簡易確定手続開始の申立てについて期間制限を設けているところ，これらの添付書面は，当該期間の遵守の確認にも用いられるものである。

そこで，本条においては，簡易確定手続の開始原因に応じて，1号又は2号に規定する書面のいずれかを申立書の添付書面として定めることとした。

（注１）　簡易確定手続開始の原因の証明に関わるという当該書面の記載の重要性に鑑み，単なる「写し」ではなく，原本の存在及び内容の同一性についての認証のある「謄本」（条解民訴規74頁参照）の提出を求めることとしたものであり，特定適格消費者団体において，判決書等の送達の際に受領した「正本」（民訴法255条２項，民訴規159条２項参照）を添付することも可能である。

（簡易確定手続開始の申立書の写しの添付等・法第16条等）

第13条　簡易確定手続開始の申立書には，相手方の数と同数の写しを添付しなければならない。

２　簡易確定手続開始の申立てがあった場合には，裁判所が直ちに当該申立てを却下する決定をしたときを除き，裁判所書記官は，相手方に対し，前項の写しを送付しなければならない。

３　前項に規定する場合には，裁判所は，当事者に対し，届出期間及び認否期間についての意見を聴くことができる。

法第16条（第11条を参照）

（簡易確定手続開始決定と同時に定めるべき事項）

法第21条　裁判所は，簡易確定手続開始決定と同時に，当該簡易確定手続開始決定に係る簡易確定手続開始の申立てをした特定適格消費者団体（第87条第１項の規定による指定があった場合には，その指定を受けた特定適格消費者団体。以下「簡易確定手続申立団体」という。）が第30条第２項に規定する債権届出をすべき期間（以下「届出期間」という。）及びその債権届出に対して簡易確定手続の相手方（以下この款において単に「相手方」という。）が認否をすべき期間（以下「認否期間」という。）を定めなければならない。

〔解　説〕

1　本条の趣旨

本条は，簡易確定手続開始の申立書にはその写しを添付しなければならないこと（１項）及び裁判所書記官が相手方に申立書の写しを送付すべきこと（２項）を定めるとともに，裁判所が当事者に対して届出期間及び認否期間についての意見聴取ができること（３項）を定めるものである。

2　簡易確定手続開始の申立書の写しの添付及び相手方への送付（１項，２項）

簡易確定手続は，共通義務確認訴訟において請求を認容する判決が確定するなどした場合でも当然には開始されず，特定適格消費者団体の申立て及びその後の裁判所による簡易確定手続開始決定によって開始されるところ（法16条，同19条１項），簡易確定手続開始決定の重要性に鑑みると，当該申立てがあったことを簡易確定手続の相手方にも知らせることが相当と考えられる。

また，裁判所は，簡易確定手続開始決定と同時に届出期間及び認否期間を定めなければならないところ（法21条），これらの期間を適切に設定し，開始決定後の手続を円滑に進めるためには，簡易確定手続開始の申立書の記載事項として当該申立てをする特定適格消費者団体から届出期間についての意見を聴取する（11条２項１号）のみならず，当該申立書を相手方に送付して上記の各期間に関して相手方が意見を述べる機会を設けることが相当と考えられる。

そこで，本条２項では，簡易確定手続開始の申立てがあった場合には，裁判所書記官は原則として簡易確定手続開始の申立書の写しを相手方に送付しなければならないこととし，そのため，本条１項において，申立人に，相手方の数と同数の写しを簡易確定手続開始の申立書に添付することを求めることとしている。

なお，簡易確定手続開始の申立てを却下すべきことが明らかである場合には，簡易確定手続開始の申立書を相手方に送付する必要はないと考えられるため，本条２項では「裁判所が直ちに当該申立てを却下する決定をしたとき」には，当該申立書の相手方への送付を不要としている。

3　届出期間及び認否期間についての意見の聴取（3項）

届出期間について簡易確定手続開始の申立てをする特定適格消費者団体から意見を聴くことについて，簡易確定手続開始の申立書の記載事項（11条2項1号）として定めているが，これに対して，認否期間については相手方から意見聴取をすることが想定され，また，このようにして聴取した届出期間及び認否期間に関する意見について，他方の当事者から更に意見を聴取することもあり得るところである。

そこで，本条3項では，簡易確定手続開始の申立てがあった場合には（注1），上記の簡易確定手続開始の申立書の記載事項としての聴取のほかに，裁判所が当事者双方（簡易確定手続開始の申立てをする特定適格消費者団体及び相手方）に届出期間及び認否期間について意見聴取することができる旨を確認的に定めている。

（注1）　本条2項の規定によって簡易確定手続開始の申立書の相手方への送付がされていることは本条3項の規定による意見聴取の条件ではなく，裁判所が，簡易確定手続開始の申立書を相手方に送付する前に，簡易確定手続開始の申立てをした特定適格消費者団体から認否期間についての意見を聴取することも可能である。

（簡易確定手続開始の申立ての取下げの理由の明示等・法第18条）

第14条　簡易確定手続開始の申立ての取下げをするときは，取下げの理由を明らかにしなければならない。

2　前項に規定する場合において，裁判所が取下げを許可したときは，裁判所書記官は，その旨を当事者に通知しなければならない。

（簡易確定手続開始の申立ての取下げ）

法第18条　簡易確定手続開始の申立ては，裁判所の許可を得なければ，取り下げることができない。

> 2　民事訴訟法第261条第３項及び第262条第１項の規定は，前項の規定による申立ての取下げについて準用する。

〔解　説〕

1　本条の趣旨

本条は，法18条１項が簡易確定手続開始の申立ての取下げに裁判所の許可を要するとしていることを受けて，簡易確定手続開始の申立ての取下げの際には簡易確定手続申立団体が取下げの理由を明らかにしなければならないこと（１項）及び裁判所が取下げを許可した場合にはそれを当事者双方に通知しなければならないこと（２項）を定めるものであり，同じく申立ての取下げに裁判所の許可を要する場合の取下げの方式等について定める家事規78条１項及び３項並びに非訟規49条２項及び３項と同趣旨の規定である（注１）。

2　申立ての取下げの理由の明示（１項）

法18条１項は，簡易確定手続開始の申立てを特定適格消費者団体の義務とし（法14条），対象消費者の被害回復の実効性を確保した趣旨を失わせないようにし，また，対象消費者の地位を不安定にして手続に対する信頼を損なわないようにするため，簡易確定手続開始の申立ての取下げについて，裁判所の許可を必要としている（注２）。裁判所は，取下げの許否の判断をするに当たっては，このような法の趣旨を踏まえた上で，個別の事案に応じて，取下げを許可すべきかを判断することになると考えられるが，取下げに至る事情については，取下げを希望する特定適格消費者団体が最もよく把握しているはずであるから，当該特定適格消費者団体にその理由を明らかにさせるのがより適切な判断に資するものといえる。

そこで，本条１項は，簡易確定手続開始の申立ての取下げをする場合の理由の明示を求めることとしている。

3　申立ての取下げの通知（２項）

簡易確定手続開始の申立てが取り下げられると，簡易確定手続は初めから係属していなかったものとみなされ（法18条２項による民訴法262条１項の準用），簡易確定決定の効力等が失われることとなる。そのため，簡易確定手続開始の申立ての取下げは，当事者の地位に影響を与えるものであるから，当事者に対し，その旨を通知する必要があるといえる。もっとも，簡易確定手続開始の申立ての取下げについては，相手方の同意は必要とされておらず，裁判所の許可が必要とされていることから（法18条１項），申立ての取下げがあった時点でこれを相手方に通知する必要まではなく，裁判所の許可があった段階で通知すれば足りると考えられる。

そこで，本条２項は，簡易確定手続開始の申立ての取下げについて，裁判所の許可があったときは，裁判所書記官が，その旨を当事者（注３）に通知することとしている。

（注１）　条解家事規205頁以下，条解非訟規128頁以下参照

（注２）　一問一答64頁参照

（注３）　簡易確定手続開始の申立ての取下げをした特定適格消費者団体も，裁判所による取下げの許可があったことを当然には知り得ないため，「当事者」として，相手方のみならず，当該特定適格消費者団体にも通知をすべきこととしている（家事規78条３項の「当事者」も取下げをした申立人を含むと解されている。条解家事規207頁参照。）。

（簡易確定手続開始の申立てを却下する決定の方式・法第19条）

第15条　簡易確定手続開始の申立てを却下する決定は，決定書を作成してしなければならない。

（簡易確定手続開始決定）

法第19条　裁判所は，簡易確定手続開始の申立てがあった場合には，当該申立てが不適法であると認めるとき又は第17条に規定する費用の予納がないときを除き，簡易確定手続開始の決定（以下「簡易確定手続開始決定」という。）をする。

２　簡易確定手続開始の申立てを却下する決定に対しては，即時抗告をすることができる。

〔解　説〕

1　本条の趣旨

本条は，簡易確定手続開始の申立てを却下する決定について，決定書を作成しなければならないことを定めるものである。

2　本条を設けた理由

簡易確定手続開始の申立てについての決定のうち，簡易確定手続開始決定については法20条において決定書を作成すべきことが定められているところ，当該申立てを却下する決定についても，簡易確定手続における基本的な決定であることは同様であり，かつ，却下決定に対しては即時抗告も可能であることから（法19条2項），本条において，決定書を作成しなければならないこととしたものである（注1）。

（注1）　破産手続等においても，手続開始の申立てについての裁判は，裁判書（決定書）を作成すべきものとされている（破産規19条1項，民再規17条1項，会更規18条1項参照）。

第3款　簡易確定手続申立団体による通知及び公告等

（公告事項の変更の通知の方式・法第26条）

第16条　法第26条第3項の規定による裁判所及び相手方に対する通知は，書面でしなければならない。

法第26条（第11条を参照）

〔解　説〕

1　本条の趣旨

本条は，法26条3項の規定による裁判所及び相手方に対する通知は，書面でしなければならないことを定めるものである。簡易確定手続における通知は相当と認める方法によることができるのが原則であるが（35条による民訴規4条1項の準用），その例外として特に通知の方式を定めたものである。

2　本条を設けた理由

法26条3項の規定によって通知されるのは，簡易確定手続における基本的な事項といえる「簡易確定手続申立団体の名称及び住所」（法25条1項4号）の変更であり，通知を受けた裁判所は，当該変更について官報公告をしなければならない（法26条3項後段）。また，上記の事項について変更があった場合には，相手方は，その変更後の内容について公表義務を負うこととなる（法27条）。このように，上記の事項の変更については，その内容が正確に通知される必要性が高いことから，本条は，法26条3項の通知の方式として書面によることを定めることとしたものである。

（情報開示命令の申立書の直送等・法第29条）

第17条　簡易確定手続申立団体は，情報開示命令の申立書について直送をしなければならない。

2　相手方は，情報開示命令の申立てについて意見があるときは，意見を記載した書面を裁判所に提出しなければならない。

3　相手方は，法第28条第３項の規定による通知をした場合において，前項の書面を提出するときは，これに当該通知の書面の写しを添付しなければならない。

（情報開示義務）

法第28条　相手方は，対象消費者の氏名及び住所又は連絡先（内閣府令で定めるものに限る。次項において同じ。）が記載された文書（電磁的記録（電子的方式，磁気的方式その他人の知覚によっては認識することができない方式で作られる記録であって，電子計算機による情報処理の用に供されるものをいう。以下同じ。）をもって作成されている場合における当該電磁的記録を含む。以下この条及び次条において同じ。）を所持する場合において，届出期間中に簡易確定手続申立団体の求めがあるときは，当該文書を当該簡易確定手続申立団体に開示することを拒むことができない。ただし，相手方が開示すべき文書の範囲を特定するために不相当な費用又は時間を要するときは，この限りでない。

2　前項に規定する文書の開示は，その写しの交付（電磁的記録については，当該電磁的記録を出力した書面の交付又は当該電磁的記録に記録された情報の電磁的方法による提供であって内閣府令で定めるもの）により行う。この場合において，相手方は，個人（対象消費者でないことが明らかである者を除く。）の氏名及び住所又は連絡先が記載された部分以外の部分を除いて開示することができる。

3　相手方は，第１項に規定する文書の開示をしないときは，簡易確定手続申立団体に対し，速やかに，その旨及びその理由を書面により通知しなければならない。

（情報開示命令等）

法第29条　簡易確定手続申立団体は，届出期間中，裁判所に対し，情報開示命令（前条第１項の規定により相手方が簡易確定手続申立団体に開示しなければならない文書について，同条第２項に規定する方法による開示を相手方に命ずる旨の決定をいう。以下この条において同じ。）の申立てをすることができる。

2　情報開示命令の申立ては，文書の表示を明らかにしてしなければならない。

3　裁判所は，情報開示命令の申立てを理由があると認めるときは，情報開示命令を発する。

4　裁判所は，情報開示命令の申立てについて決定をする場合には，相手方を審尋しなければならない。

5　情報開示命令の申立てについての決定に対しては，即時抗告をすることができる。

6　情報開示命令は，執行力を有しない。

7　相手方が正当な理由なく情報開示命令に従わないときは，裁判所は，決定で，30万円以下の過料に処する。

8　前項の決定に対しては，即時抗告をすることができる。
9　民事訴訟法第189条の規定は，第７項の規定による過料の裁判について準用する。

〔解　説〕

1　本条の趣旨

本条は，情報開示命令の申立てについて，その申立書の相手方への直送（１項），相手方による意見書の提出（２項）及び当該意見書の添付書面（３項）について定めるものである。

2　情報開示命令の申立書の直送（１項）

情報開示命令の申立てについて決定をする場合には相手方を審尋しなければならないことから（法29条４項），相手方が早期に申立ての内容を検討できるようにする必要がある。

そこで，本条１項では，情報開示命令の申立書[注1]について，相手方に直送[注2]すべきことを定めることとした。なお，情報開示命令の申立書についても，当事者の主張を記載した書面として，35条において準用する民訴規83条の対象となり得るとも考えられるが，解釈上の疑義がないよう，本条１項で明示的に直送の規定を置いたものである。

3　相手方の意見書の提出（２項）

情報開示命令の申立てについて決定をする場合の相手方への審尋として，通常の場合，相手方からの書面による意見書の提出を求めることが想定される。

そこで，本条２項では，申立書の直送を受ける相手方からの意見書の提出を求めることを定めた[注3]。なお，相手方の意見書は，その他の簡易確定手続において裁判所に提出される当事者の主張を記載した書面と同様に，35条において準用する民訴規83条の規定により簡易確定手続申立団体に直送されるべきものである。

4　意見書への法28条３項の規定による通知の書面の写しの添付（３項）

相手方は，法28条１項に規定する文書を開示しないときは，簡易確定手続申立団体に対し，その旨及びその理由を書面により通知しなければならないとされているところ（法28条３項），当該書面は情報開示命令の申立てに至る経緯等を示すものとして情報開示命令の審理においても参考となるものといえる。

そこで，本条３項では，相手方が当該通知をしている場合において，情報開示命令の申立てに対する意見書（本条２項）を提出するときは，当該意見書に当該通知の書面の写しを添付すべきことを定めたものである。

（注１）　情報開示命令の申立てを書面でしなければならないことについて，６条の解説参照

（注２）　その具体的な方法等については35条において準用される民訴規47条参照。なお，簡易確定手続申立団体において申立書の直送を困難とする事由その他相当とする事由があるときは，申立書の相手方への送付を裁判所書記官に行わせるよう申し出ることができる（民訴規47条４項。条解民訴規102頁以下参照）。

（注３）　意見書の提出を求めるほかに，裁判所が必要と認めるときに審尋の期日を開くことは当然に可能である。

第４款　対象債権の確定

（届出書の記載事項・法第30条）

第18条　届出書に法第30条第２項第１号に掲げる事項を記載するには，次に掲げる事項を明らかにして記載しなければならない。

一　債権届出をする簡易確定手続申立団体の名称及び住所並びに代表者の氏名

二　相手方の氏名又は名称及び住所並びに法定代理人の氏名及び住所

三　届出消費者の氏名及び住所並びに法定代理人の氏名及び住所

２　届出書には，請求の趣旨並びに請求を特定するのに必要な事実並びに当該請求が共通義務確認訴訟において認められた義務に係る事実上及び法律上の原因を前提とするものであることを明らかにする事実を記載するほか，請求

を理由付ける事実を具体的に記載しなければならない。

3　届出書には，前二項に規定する事項のほか，次に掲げる事項を記載しなければならない。

一　第１項第１号の簡易確定手続申立団体の代理人（同号の代表者を除く。）の氏名及び住所

二　前号の簡易確定手続申立団体又は代理人の郵便番号及び電話番号（ファクシミリの番号を含む。）

（債権届出）

法第30条　簡易確定手続開始決定に係る対象債権については，簡易確定手続申立団体に限り，届け出ることができる。

2　前項の規定による届出（以下「債権届出」という。）は，届出期間内に，次に掲げる事項を記載した書面（以下この節において「届出書」という。）を簡易確定手続開始決定をした裁判所に提出してしなければならない。

一　対象債権について債権届出をする簡易確定手続申立団体，相手方及び届出消費者（対象債権として裁判所に債権届出があった債権（以下「届出債権」という。）の債権者である消費者をいう。以下同じ。）並びにこれらの法定代理人

二　請求の趣旨及び原因（請求の原因については，共通義務確認訴訟において認められた義務に係る事実上及び法律上の原因を前提とするものに限る。）

三　前二号に掲げるもののほか，最高裁判所規則で定める事項

3　簡易確定手続申立団体は，債権届出の時に対象消費者が事業者に対して対象債権に基づく訴えを提起するとすれば民事訴訟法第１編第２章第１節の規定により日本の裁判所が管轄権を有しないときは，第１項の規定にかかわらず，当該対象債権については，債権届出をすることができない。

4　簡易確定手続申立団体は，対象消費者が提起したその有する対象債権に基づく訴訟が裁判所に係属しているときは，第１項の規定にかかわら

ず，当該対象債権については，債権届出をすることができない。

〔解　説〕

1　本条の趣旨

本条は，対象債権についての届出書（法30条）の記載事項について定めるものである（注1）。

届出書は適法な異議の申立てがあったときは訴状とみなされるものであるため（法52条1項後段），本条では，訴状の記載事項（民訴法133条，民訴規53条）を参考にして，債権届出をする簡易確定手続申立団体等の具体的な記載方法（1項）及び届出書の実質的な記載事項（2項）を定めるほか，債権届出をする簡易確定手続申立団体の任意代理人及び当該簡易確定手続申立団体の郵便番号等を記載すべきこと（3項）を定めている。

2　債権届出団体等の具体的な記載方法（1項）

本条1項各号は，法30条2項1号において債権届出をする簡易確定手続申立団体（債権届出団体），相手方及び届出消費者並びにこれらの法定代理人の記載が求められていることを受けて，その記載方法を具体的に定めるものである（注2）。

法30条2項1号に記載されている事項は届出書の必要的記載事項であり，同号に掲げる者を特定して届出書に記載する必要があるところ，訴状の当事者の記載（注3）については，多くの場合，氏名（又は名称）及び住所の記載により特定がされている（注4）。また，債務名義となる届出消費者表の作成に当たっても，届出消費者等を特定して記載する必要があると考えられるところ（注5），届出消費者表作成の観点からも，届出書において届出消費者等を特定するための記載事項は統一されていることが望ましい。

そこで，本条1項各号においては，法30条2項1号の記載事項の具体的な記載方法として，同号に掲げる者の特定のために，氏名（又は名称）及び住所の記載を求めることとしたものである（注6）（注7）。なお，相手方の法定代理人に関する記載（本条1項2号）については，相手方に法定代理人があるときは法定代理人について，相手方が法人又はそれに準じる者であるときはその代表者について記載しなければならない（35条で準用する民訴規18条）。

3　届出書の実質的記載事項（２項）

本条２項は，民訴規53条を参考にして，法30条２項２号の「請求の趣旨及び原因」に加え，「請求を理由付ける事実」の記載を求めるものである(注８)。

法30条２項２号では「請求の原因」の記載を求めているが，そこで記載が求められるものとしては「請求を特定するのに必要な事実」(注９)のほか，「当該請求が共通義務確認訴訟において認められた義務に係る事実上及び法律上の原因を前提とするものであることを明らかにする事実」が含まれるものと解されることから(注10)，本条２項ではこの旨を明確にするとともに，それ以外の「請求を理由付ける事実」(注11)を具体的に記載すべきことを定めている。

4　債権届出団体の任意代理人等の記載（３項）

本条３項は，届出書が異議後の訴訟において訴状とみなされることを受けて，本条１項及び２項に規定する事項のほかに，通常の訴状において原告について記載することが求められる事項の記載を求めるものである(注12)。

なお，届出消費者が異議の申立てをする場合には，債権届出団体ではなく，届出消費者を原告として債権届出時に訴えの提起があったものとみなされるため（法52条１項前段括弧書き），本条３項各号と同様の記載を届出消費者が異議申立書においてすべきこととしている（32条１項）。

⑴　債権届出団体の任意代理人（１号）

本条３項１号は，債権届出団体の任意代理人の氏名及び住所を記載すべきことを定めるものである(注13)。

⑵　債権届出団体又は代理人の郵便番号及び電話番号（２号）

債権届出団体又は代理人の郵便番号及び電話番号（ファクシミリの番号を含む。）の記載をすべきことを定めたものであり，通常の訴状についての民訴規53条４項に相当する規定を置くものである(注14)。

（注１）　本条において明示するもののほか，35条で準用する民訴規２条に規定する事項を記載すべきこととなる。

（注２）　本条１項１号及び２号に掲げる事項は，簡易確定手続開始申立書にも記載されるものであるが（11条１項１号，２号），異議後の訴訟において訴状とみなされるのは簡易確定手続開始申立書ではなく届出書であるため（法52条１項後段），異議後の訴訟の訴状として必要となる事項については，届出書において改めて記載を求めることとしたものである。

（注３）　届出書に記載される債権届出団体，届出消費者及び相手方はいずれも異議後の訴訟の当事者となり得るものであるため，届出書におけるこれらの者及びそれぞれの法定代理人の記載は，訴状の必要的記載事項（当事者及び法定代理人の記載。民訴法133条２項１号）も満たすようになされる必要があると考えられる。

（注４）　コンメ民訴法Ⅲ32頁以下参照

（注５）　本規則では，届出消費者，債権届出団体及び相手方の特定のため，届出消費者表において，それらの者の氏名及び住所を記載事項とする規定を設けることとしている（25条１号から３号まで）。

（注６）　届出書の必要的記載事項としては，法30条２項１号に掲げる者が特定される事項が記載されていれば足りるため，仮に氏名及び住所の記載が一部欠けても，同号に掲げる者の特定がされているのであれば，債権届出が不適法（法36条１項参照）とはならない。

（注７）　債権届出団体の代表者の「住所」の記載を求めないことについて，11条の解説（注２）参照

（注８）　訴状の記載事項を定めている民訴規53条１項では，このほかに重要な間接事実及び証拠の記載も求められているが，認否前のこの段階で，届出書に一律に間接事実の記載を求めるのは相当でないため，記載事項とはしていない。また，債権届出の際には裁判所への証拠の提出は求めないこととしているので（26条の解説参照），証拠の記載も届出書には求めないこととしている。

（注９）　民訴規53条１項と同様に，いわゆる特定請求原因を指すものである（条解民訴規115頁以下，コンメ民訴法Ⅲ42頁参照）。

（注10）　一問一答83頁においても，届出書の「請求の原因」の記載について，債権を特定するのに必要な事実のほか，記載された請求の原因が共通義務確認訴訟において認められた義務に係る事実上及び法律上の原因を前提とすることを明らかにする必要があるとされている。

（注11）　民訴規53条１項の「請求を理由づける事実」から本条２項の「当該請求が共

通義務確認訴訟において認められた義務に係る事実上及び法律上の原因を前提とするものであることを明らかにする事実」を除いたものとなり，例えば，代理人により契約が締結された場合の代理権の存在等の事実が該当する。なお，民訴規53条１項の「請求を理由づける事実」と同様に，本条２項の「請求を理由付ける事実」の記載がなくても，そのことだけで債権届出が不適法となるものではない（条解民訴規117頁参照）。

（注12）　本条３項は，民訴規２条１項，同53条４項と同様に任意的記載事項を定めた規定であり（条解民訴規６頁，119頁参照），法30条２項３号の個別委任に基づいて必要的記載事項を定める規定ではない（同号の個別委任に基づく規定でない点は，本条１項，２項についても同様である。）。したがって，本条３項に規定する事項の記載を欠いた場合も，そのことだけで債権届出が不適法となるものではない。

（注13）　通常の訴状においても，民訴規２条１項１号により，原告の任意代理人の氏名及び住所の記載が求められている。なお，届出書についても，35条により民訴規２条が準用されるが，任意代理人の「住所」については，既に簡易確定手続開始申立書等に記載されている場合には記載が求められないこととなるため（民訴規２条２項），本条３項１号においては，改めて任意代理人の氏名及び住所を記載すべきことについて規定を置くこととしたものである。

（注14）　条解民訴規118頁参照

（数個の請求に係る義務について簡易確定手続開始決定がされた場合の債権届出）

第19条　一の共通義務確認の訴えで同一の事業者に対して請求の基礎となる消費者契約及び財産的被害を同じくする数個の請求がされた場合において，そのうち二以上の請求に係る法第２条第４号に規定する義務について簡易確定手続開始決定がされたときは，簡易確定手続申立団体は，一の対象消費者の一の財産的被害については，できる限り，当該二以上の請求に係る法第２条第４号に規定する義務に係る対象債権のうちから一の対象債権を限り，債権届出をしなければならない。

２　前項に規定する場合において，簡易確定手続申立団体が一の対象消費者の一の財産的被害について数個の対象債権の債権届出をするときは，各債権届

出は，順位を付して，又は選択的なものとしてしなければならない。

法第２条（第５条を参照）

〔解　説〕

1　本条の趣旨

本条は，共通義務確認訴訟において同一の事業者との関係で請求の基礎となる消費者契約及び財産的被害を同じくする複数の請求がされ，そのうち複数の共通義務について簡易確定手続開始決定がされた場合における，債権届出の規律について定めるものである。

2　対象債権を一つに限定して債権届出をすべき規定（１項）

本条１項は，簡易確定手続申立団体は，できる限り，同一の対象消費者の同一の財産的被害については，対象債権を一つに限定して，債権届出をしなければならないことを定めたものである。

「請求の基礎となる消費者契約及び財産的被害を同じくする」とは，共通義務確認訴訟において「消費者に共通する事実上及び法律上の原因」（法２条４号）として主張される消費者契約及び財産的被害が同一である場合を指し，「一の共通義務確認の訴えで同一の事業者に対して請求の基礎となる消費者契約及び財産的被害を同じくする数個の請求がされた場合において，そのうち二以上の請求に係る法第２条第４号に規定する義務について簡易確定手続開始決定がされたとき」とは，同一の社会的事実に基づいて複数の訴訟物が構成し得る場合において，それらの複数の訴訟物について共通義務確認訴訟が行われ，同一の機会にこのような関係にある複数の共通義務について簡易確定手続開始決定がされたとき[注１]を指すものである[注２]。

このような場合，同一の事業者の関係で，同一の対象消費者の同一の財産的被害について数個の債権届出を行うことも理論上は可能であるが，数個の債権届出を行うことにより，迅速な債権確定が妨げられることが想定されるほか，同一の給付を目的とする複数の債務名義が成立することによって派生的な紛争が生じるおそれがある。また，債権届出段階では，簡易確定手続申立団体が個々の対象消費者から授権を得ているので，同団体が，各消費者の事情に即して，いずれか一つの債権を選択して債権届出を行うことが可能であるとも考えられる。

そこで，本条１項では，このような場合には，できる限り，届出債権を限定しなければならないことを定めることとした。

なお，本条１項は，「できる限り」対象債権を限って債権届出をするよう規定するものであり，本条１項に該当するときに，簡易確定手続申立団体が数個の債権届出をした場合でも，これらの債権届出が直ちに不適法なものとなるわけではなく，その意味で本条は訓示的規定である。

3　数個の請求の場合に予備的・選択的併合とすべき規定（２項）

本条２項は，本条１項に規定する場合（同一の事業者についての複数の共通義務について簡易確定手続が開始された場合）において，同項の規定にかかわらず，簡易確定手続申立団体が，同一の対象消費者の同一の財産的被害について数個の対象債権の債権届出をするときは，各届出は，予備的又は選択的併合の関係にあるものとしてされるべきことを定めるものである。

債権届出は，通常の給付訴訟と同様の請求の趣旨及び原因（法30条２項２号により，届出書に記載が求められる。）を記載してされるものであり，簡易確定決定に対する適法な異議の申立てがあった場合には，債権届出の際に届出書を訴状として訴えの提起があったものとみなされる（法52条１項）。そうすると，同一の対象消費者の同一の財産的被害についてされる数個の債権届出については，通常の給付訴訟においてそのような複数の請求をする場合と同様に，予備的又は選択的併合の関係にあるものとして（「順位を付して，又は選択的なものとして」）これを行うことが可能であり，これにより，経済的に同一の給付を目的とする複数の債務名義が成立することがないようにすることが相当というべきである。

そこで，本条２項は，届出債権の限定がされない場合には，数個の債権届出は予備的併合（注３）又は選択的併合の関係にあるものとしてしなければならないことを定めることとした（注４）。

本条２項についても，本条１項と同様に訓示的規定であるが（注５），このような場合に数個の債権届出を単純併合の形で行う必要性は乏しく，円滑かつ迅速な債権確定がされるよう，適切な併合形態において債権届出を行うべきことは，債権届出を行う簡易確定手続申立団体の責務として求められているものといえる（１条１項参照）。

（注１）　例えば，ある商品の販売に当たって，事業者が虚偽の説明を行ったという事案において，詐欺取消しに基づく不当利得返還請求についての共通義務のほか，不法行為に基づく損害賠償請求についての共通義務も認められ，双方の共通義務について，簡易確定手続開始決定がされた場合が考えられる。

（注２）　複数の共通義務について共通義務確認訴訟の提起や簡易確定手続開始の申立てをする場合において本条と同趣旨の規定はないが，これらの場合においても，被害回復裁判手続の円滑かつ迅速な進行を図るという観点からは（１条１項参照），本条の基本的な考え方が該当するものと考えられる。したがって，特定適格消費者団体においては，消費者の財産的被害を適切に回復し，消費者の利益の擁護を図るという観点を踏まえて，共通義務確認訴訟において，同一の社会的事実に基づく複数の請求を単純併合ではなく選択的併合又は予備的併合としたり，複数の共通義務が認められた場合にそのうち１つの共通義務を選択して簡易確定手続開始の申立てをしたりすることを検討することが期待される（共通義務確認訴訟において選択的併合及び予備的併合の法理が妥当する可能性があることについて伊藤眞「消費者被害回復裁判手続の法構造－共通義務確認訴訟を中心として」法曹時報66巻８号19，20頁参照）。

（注３）　各債権届出に係る対象債権が実体法上両立し得ない場合に限られず，両立する場合（単純併合の形での請求が可能である場合）に順位を付すことも含むものである。

（注４）　本条に規定する場合においては，簡易確定手続申立団体は，債権届出について授権をしようとする対象消費者に対して説明を行う際に（法32条参照），数個の債権届出の要否（本条１項）や，数個の債権届出を行う場合は予備的又は選択的に届出がされるべきこと（本条２項）について説明を行い，適切に授権を受けられるようにすべきものと考えられる。

（注５）　本条２項では，１項と異なり，「できる限り」との文言を置いていないが，これは，１項の場合と比較して，同一の財産的被害についての複数の債権を，選択的併合又は予備的併合の形で債権届出をすること自体が困難とまではいえな

いと考えられるためである。

（簡易確定手続についての授権の証明等・法第31条）

第20条　法第31条第１項の授権は，書面で証明しなければならない。

２　簡易確定手続申立団体が二以上あるときは，簡易確定手続申立団体は，法第31条第１項の授権を得るに当たっては，当該授権をしようとする対象消費者に対し，他の簡易確定手続申立団体に対する同項の授権の有無を確認しなければならない。

３　法第31条第１項の授権の取消しの通知をした者は，その旨を裁判所に届け出なければならない。

（簡易確定手続についての対象消費者の授権）

法第31条　簡易確定手続申立団体は，対象債権について債権届出をし，及び当該対象債権について簡易確定手続を追行するには，当該対象債権に係る対象消費者の授権がなければならない。

２　前項の対象消費者は，簡易確定手続申立団体のうちから一の簡易確定手続申立団体を限り，同項の授権をすることができる。

３　第１項の授権をした対象消費者は，当該授権を取り消すことができる。

４　前項の規定による第１項の授権の取消しは，当該授権をした対象消費者又は当該授権を得た簡易確定手続申立団体から相手方に通知しなければ，その効力を生じない。

５　第１項の授権を得た簡易確定手続申立団体の第65条第１項に規定する特定認定が，第74条第１項各号に掲げる事由により失効し，又は第86条第１項各号若しくは第２項各号に掲げる事由により取り消されたときは，当該授権は，その効力を失う。

６　簡易確定決定があるまでに簡易確定手続申立団体が届出債権について第１項の授権を欠いたとき（前項の規定により当該授権がその効力を失ったときを除く。）は，当該届出債権については，債権届出の取下げがあったものとみなす。

7　債権届出に係る簡易確定手続申立団体（以下「債権届出団体」という。）の第65条第１項に規定する特定認定が，簡易確定決定があるまでに，第74条第１項各号に掲げる事由により失効し，又は第86条第１項各号若しくは第２項各号に掲げる事由により取り消されたときは，届出消費者は，第２項の規定にかかわらず，第87条第６項の規定による公示がされた後一月の不変期間内に，同条第１項の規定による指定を受けた特定適格消費者団体に第１項の授権をすることができる。

8　前項の届出消費者が同項の期間内に第１項の授権をしないときは，その届出債権については，債権届出の取下げがあったものとみなす。

9　簡易確定決定があった後に，届出消費者が第３項の規定により第１項の授権を取り消したときは，当該届出消費者は，更に簡易確定手続申立団体に同項の授権をすることができない。

〔解　説〕

1　本条の趣旨

本条は，簡易確定手続における対象消費者の授権について，その書面による証明（１項），授権を得る際の他の簡易確定手続申立団体に対する授権の有無の確認（２項）及び相手方に対して授権の取消しの通知をした者による裁判所への届出（３項）について定めるものである。

2　授権の書面による証明（１項）

本条１項は，簡易確定手続についての法31条１項による対象消費者の授権につき，書面で証明しなければならないことを定める規定であり，法定代理権や選定当事者の選定等に関する民訴規15条と同趣旨の規定である(注1)(注2)。

3　他の簡易確定手続申立団体に対する授権の有無の確認（２項）

本条２項は，法31条２項が対象消費者が一の簡易確定手続申立団体に限って同条１項の授権ができることを定めていることを受けて，簡易確定手続申立団体は，同項の授権を得るに当たって，授権をしようとする対象消費者に対し，他の簡易確定手続申立団体に対する授権の有無を確認しなければならない旨を定めている。これは，二以上の簡易確定手続申立団体がある場合に，簡易確定手続申立団体がそれぞれ対象消費者に対してこのような確認を行うことによって，同条２項の規定に反した不適法な債権届出がされることを防止し，手続の円滑な進行を図る趣旨のものである。

4　授権の取消しの通知をした者による裁判所への届出（３項）

法31条１項の授権をした対象消費者は当該授権を取り消すことが認められているところ（同条３項），当該授権の取消しについては当該授権をした対象消費者又は当該授権を得た簡易確定手続申立団体から相手方に通知しなければ手続上効力を生じないものとされている（同条４項）。

簡易確定決定があるまでに法31条１項の授権の取消しの効力が生じると債権届出の取下げがあったものとみなされることから（同条６項）(注３)，手続の安定性及び明確性の確保という観点からは，授権の取消しの効力が生じたことは裁判所も当然把握しておく必要があると考えられる。

そこで，本条３項では，相手方に対する法31条１項の授権の取消しの通知をした者(注４)の裁判所に対する届出義務を定めて，民訴規17条と同様の規定を置くこととしたものである(注５)。

なお，本条３項の規定による届出の方式については，６条の規定によって書面によることとなる（そのため，民訴規17条とは異なり，本条３項の中では，届出を書面ですべきことについて規定していない。）。

（注１）　条解民訴規32頁以下参照

（注２）　本条１項は，法31条７項により法87条１項による指定を受けた特定適格消費者団体に対して法31条１項の授権がされた場合にも適用されるものである。

（注３）　一問一答87頁参照

（注４）　法31条４項の規定による相手方への通知は簡易確定手続申立団体のみならず対象消費者が行うことが認められているため，対象消費者が通知をした場合には，当該対象消費者が本条３項の規定による届出を行うべきこととなる。

（注５）　条解民訴規35頁以下参照

（簡易確定手続授権契約の解除の届出・法第33条）

第21条　簡易確定手続申立団体は，簡易確定手続授権契約を解除したときは，その旨を裁判所に届け出なければならない。

> （簡易確定手続授権契約の締結及び解除）
> 法第33条　簡易確定手続申立団体は，やむを得ない理由があるときを除いては，簡易確定手続授権契約（対象消費者が第31条第１項の授権をし，簡易確定手続申立団体が対象債権について債権届出をすること及び簡易確定手続を追行することを約する契約をいう。以下同じ。）の締結を拒絶してはならない。
> ２　第31条第１項の授権を得た簡易確定手続申立団体は，やむを得ない理由があるときを除いては，簡易確定手続授権契約を解除してはならない。

〔解　説〕

１　本条の趣旨

本条は，簡易確定手続申立団体が，簡易確定手続授権契約を解除したときは，その旨を裁判所に届け出なければならないことを定めるものである。

２　本条を設けた理由

簡易確定手続授権契約の解除（法33条２項参照）がされたときは，法31条３項の規定により授権が取り消された場合と同様，同条６項の「授権を欠いたとき」に当たるため，債権届出の取下げがあったものとみなされる（注１）。

そこで，20条３項と同様に，簡易確定手続授権契約の解除の事実についても裁判所に届け出なければならないことを定めることとした（注２）。

なお，本条の規定による届出の方式についても，20条３項の届出と同様に，６条の規定によって書面によることとなる。

（注１）　一問一答87頁参照

（注２）　本規則では簡易確定手続授権契約の解除の事実自体についての相手方に対する通知の規定は置いていないが，24条２項の規定により，解除の結果としての

みなし取下げの事実が裁判所書記官から相手方に通知されることになる。

（届出書の送達・法第35条）

第22条　届出書の送達は，債権届出団体から提出された副本によってする。

（届出書の送達）
法第35条　裁判所は，第30条第２項の規定による届出書の提出を受けたときは，次条第１項又は第63条第１項の規定により債権届出を却下する場合を除き，遅滞なく，当該届出書を相手方に送達しなければならない。

〔解　説〕

本条は，法35条が届出書を相手方に送達すべきことを定めているのを受けて，届出書の送達は債権届出団体から提出された副本によってすることを定める規定であり，訴状の送達についての民訴規58条１項と同趣旨の規定である（注１）。

なお，同項の規定と同様，本条は債権届出団体の副本の提出義務の根拠規定でもある（注２）。

（注１）　条解民訴規126頁以下参照

（注２）　条解民訴規85頁以下，128頁参照

（届出債権を記載した一覧表）

第23条　裁判所は，必要があると認めるときは，債権届出団体に対し，その届出に係る届出債権について第18条に規定する事項を記載した一覧表の提出を求めることができる。

〔解　説〕

1　本条の趣旨

本条は，裁判所は，必要があると認めるときは，債権届出団体に対し，当

該団体が届出をした届出債権について18条に規定する事項（届出書の記載事項）を記載した一覧表の提出を求めることができることを定めるものである。

2　本条を設けた理由

18条は届出書の記載事項について定めるものであるが，具体的に届出書をどのような書式で作成すべきかについては，実務での柔軟な運用を可能とするため，本規則においては規定を設けていない。しかしながら，債権届出団体によって多数の債権届出がされる場合，相手方が漏れなく正確に認否を行うことを可能とし，裁判所書記官による届出消費者表の作成（法41条１項）を含めてその後の手続を円滑に進められるようにするためには，届出債権の内容について一覧できる表があることが望ましい。

そこで，本条は，簡易確定手続の円滑な進行のため，必要に応じて，裁判所が，債権届出団体に対し，届出書の記載事項を記載した一覧表の作成・提出を求められることを定めることとした（注１）（注２）。

（注１）　法律上の提出義務のない書面について，手続進行の便宜上，裁判所が当事者に作成・提出を求められることを定める規定として，小規模個人再生において再生債権の届出の結果について一覧性のある表の作成・提出を求める民再規120条１項がある（条解民再規258頁以下参照）。

（注２）　本条の規定は，18条の記載事項のうち，届出債権を通じて共通する部分（同条３項の記載等）について，一覧表中でまとめて記載することを妨げるものではない。

（債権届出の取下げがあった場合の取扱い・法第40条等）

第24条　債権届出の取下げがあったときは，裁判所書記官は，その旨を相手方に通知しなければならない。

2　前項の規定は，法第31条第６項又は第８項の規定により債権届出の取下げがあったものとみなされた場合について準用する。

第24条　債権届出の取下げがあった場合の取扱い

法第31条（第20条を参照）

（債権届出の取下げ）

法第40条　債権届出は，簡易確定決定に対し適法な異議の申立てがあるまで，その全部又は一部を取り下げることができる。ただし，簡易確定決定があった後にあっては，相手方の同意を得なければ，その効力を生じない。

2　民事訴訟法第261条第３項及び第262条第１項の規定は，前項の規定による債権届出の取下げについて準用する。

〔解　説〕

1　本条の趣旨

本条は，法40条が債権届出の取下げについての規定を置いていることを受けて，債権届出の取下げがあった場合の取扱いを定めるものである。

2　相手方への通知（１項）

債権届出は，簡易確定決定に対し適法な異議の申立てがあるまで，その全部又は一部を取り下げることができるが，簡易確定決定があった後は，相手方の同意が必要であるとされており（法40条１項），債権届出の取下げがされると，その効力は遡及し，簡易確定決定の効力も当然に失われることとなる（法40条２項で準用する民訴法262条１項）[注１]。そのため，債権届出の取下げは，相手方に対してその旨を通知する必要があるといえる。

そこで，本条１項は，債権届出の取下げがあった場合には，裁判所書記官が相手方への通知をしなければならないことを定めるものであり，民訴規162条２項と同趣旨の規定である[注２]。

なお，法40条は，債権届出の取下げに相手方の同意を要する場合についても，民訴法及び民訴規と異なり，擬制同意の規定を置いていないことから，取下書の送達の規定も設けていない（法40条２項において，民訴法261条４項及び５項は準用されていない。）。したがって，債権届出の取下げについては，同意を要する場合も要しない場合も，民訴規162条２項の場合の取扱いと同様に，裁判所書記官による通知のみをすることとした。

3　債権届出の取下擬制の場合の準用（２項）

法31条６項又は８項の場合による取下擬制の場合，相手方がその事実を知らない場合があり得ると考えられ（法74条１項各号による特定認定の失効の場合，法86条１項各号及び２項各号による特定認定の取消しの場合，法33条２項による簡易確定手続授権契約の解除の場合等），このような場合には，本条１項と同様に，債権届出の取下げを相手方に対して通知する必要があるといえる。他方で，届出消費者及び債権届出団体（法87条１項による指定がされた場合にはその指定を受けた特定適格消費者団体）は，法31条６項又は８項の取下擬制の事実を知り得るものであるから，これらの者に対しては通知の必要性はないといえる。

そこで，本条２項は，法31条６項及び８項の債権届出の取下擬制の場合の取扱いについて本条１項の規定を準用して，裁判所書記官が相手方への通知をしなければならないことを定めるものであり，非訟規49条４項と同趣旨の規定である（注３）。

（注１）　一問一答98頁参照

（注２）　条解民訴規338頁以下参照

（注３）　条解非訟規128頁以下参照

（届出消費者表の記載事項・法第41条）

第25条　**法第41条第２項の最高裁判所規則で定める事項は，次に掲げるものとする。**

一　届出消費者の氏名及び住所

二　債権届出団体の名称及び住所

三　相手方の氏名又は名称及び住所

四　届出債権の原因

五　法第36条第１項若しくは第63条第１項の規定により債権届出が却下さ

れたとき又は法第40条第１項の規定による債権届出の取下げがあったとき（法第31条第６項又は第８項の規定により債権届出の取下げがあったものとみなされたときを含む。）は，その旨

六　法第42条第２項の規定により届出債権の内容の全部を認めたものとみなされたときは，その旨

七　法第43条第２項の規定により認否を争う旨の申出が却下されたときは，その旨

法第31条（第20条を参照）

（不適法な債権届出の却下）

法第36条　裁判所は，債権届出が不適法であると認めるとき，又は届出書の送達に必要な費用の予納がないときは，決定で，当該債権届出を却下しなければならない。

２　前項の決定に対しては，即時抗告をすることができる。

法第40条（第24条を参照）

（届出消費者表の作成等）

法第41条　裁判所書記官は，届出債権について，届出消費者表を作成しなければならない。

２　前項の届出消費者表には，各届出債権について，その内容その他最高裁判所規則で定める事項を記載しなければならない。

３　届出消費者表の記載に誤りがあるときは，裁判所書記官は，申立てにより又は職権で，いつでもその記載を更正する処分をすることができる。

（届出債権の認否）

法第42条　相手方は，届出期間内に債権届出があった届出債権の内容について，認否期間内に，認否をしなければならない。

2　認否期間内に前項の認否（以下「届出債権の認否」という。）がないときは，相手方において，届出期間内に債権届出があった届出債権の内容の全部を認めたものとみなす。
3　相手方が，認否期間内に届出債権の内容の全部を認めたときは，当該届出債権の内容は，確定する。
4　裁判所書記官は，届出債権の認否の内容を届出消費者表に記載しなければならない。
5　第３項の規定により確定した届出債権については，届出消費者表の記載は，確定判決と同一の効力を有する。この場合において，債権届出団体は，確定した届出債権について，相手方に対し，届出消費者表の記載により強制執行をすることができる。

（認否を争う旨の申出）

法第43条　債権届出団体は，前条第３項の規定により届出債権の内容が確定したときを除き，届出債権の認否に対し，認否期間の末日から一月の不変期間内に，裁判所に届出債権の認否を争う旨の申出（以下単に「認否を争う旨の申出」という。）をすることができる。
2　裁判所は，認否を争う旨の申出が不適法であると認めるときは，決定で，これを却下しなければならない。
3　前項の決定に対しては，即時抗告をすることができる。
4　裁判所書記官は，認否を争う旨の申出の有無を届出消費者表に記載しなければならない。

（共通義務確認訴訟の判決が再審により取り消された場合の取扱い）

法第63条　簡易確定手続開始決定の前提となった共通義務確認訴訟の判決が再審により取り消された場合には，簡易確定手続が係属する裁判所は，決定で，債権届出（当該簡易確定手続開始決定の前提となった共通義務確認訴訟の判決が取り消されたことによってその前提を欠くこととなる部分に限る。）を却下しなければならない。

２　前項の決定に対しては，即時抗告をすることができる。
３　第１項の場合には，第52条第１項の規定により訴えの提起があったものとみなされる事件が係属する裁判所は，判決で，当該訴え（当該簡易確定手続開始決定の前提となった共通義務確認訴訟の判決が取り消されたことによってその前提を欠くこととなる部分に限る。）を却下しなければならない。

〔解　説〕

１　本条の趣旨

本条は，法41条２項の個別委任を受け，届出消費者表の記載事項を定めるものである。相手方が認否において届出債権の内容を認めたときや，債権届出団体が認否を争う旨の申出をしなかったときは，届出消費者表の記載は確定判決と同一の効力を有するものであり（法42条５項，同47条２項），その記載事項として，法41条２項によって届出債権の「内容」を記載すべきことが定められているほか，法42条４項により「届出債権の認否の内容」が，法43条４項により「認否を争う旨の申出の有無」がそれぞれ届出消費者表の記載内容とされている。

本条は，これらを補充する事項や，届出消費者表の記載が確定判決と同一の効力を有することになるかどうかの判断に必要となる事項（債権届出に関する裁判所の各種決定の結果等）を記載事項として定めるものである。

２　届出債権者の氏名及び住所等（１号から３号まで）

法41条２項によって記載事項とされている届出債権の「内容」には，誰の誰に対する債権であるかが含まれると解されるが，法人及び自然人の特定に当たっては，氏名又は名称及び住所をもってするのが一般的であるといえる。そのため，届出消費者及び相手方の氏名（名称）及び住所を届出消費者表の記載事項とすることとした。

また，任意的訴訟担当者である債権届出団体を特定する事項は，届出債権の「内容」には含まれないが，届出消費者表が債務名義となる場合，債権届出団体が債務名義上の債権者となるから，債務名義として必要な事項が記載されるよう，債権届出団体の名称及び住所の記載についても求めることとした。

なお，法定代理人（代表者）の記載は，判決書では必要的記載事項とされているが（民訴法253条１項５号），債務名義となり得る破産債権者表（破産法115条，破産規37条）や再生債権者表（民再法99条，民再規36条）の必要的記載事項とはされておらず，債務名義として必要不可欠な事項とまではいえない(債務名義成立後に法定代理人が変更しても承継執行文は要しない。)ことから，届出消費者表の記載事項としては掲げないこととしている。

3　届出債権の原因（４号）

届出債権の「内容」には，誰の誰に対する債権であるかということのほか，その法律上の性格（不当利得返還請求権等）や，金銭債権であれば，その額，弁済期，利率等が含まれると解されるが（注１），同じ相手方から複数の商品を購入している場合等，債権の「内容」のみでは，債権が特定しない場合があり得る。そのため，本条４号は，債権の特定に必要な範囲で，その債権が，いつ，いかなる事実に基づいて発生したかといった債権の「原因」の記載を求めることとした（注２）。

4　債権届出が却下された旨等（５号）

債権届出が却下された場合，債権届出が取り下げられた場合には，届出消費者表に届出債権が記載されていても，届出消費者表の記載が確定判決と同一の効力を有することはない。そのため，本条５号は，債権届出が却下されたとき又は債権届出の取下げがあったときにはその旨を記載すべきことを定めることとした。なお，「債権届出が却下されたとき」とは，債権届出却下決定が確定したことを意味し，債権届出却下決定の記載については，それが確定した後に記載することになる（注３）。

5　届出債権の内容の全部を認めたものとみなされた旨（６号）

法42条２項により，認否期間内に届出債権の内容について相手方の認否がないときは，相手方において，届出債権の内容の全部を認めたものとみなされ，その場合，法42条３項及び５項により，届出消費者表の記載が確定判決と同一の効力を有することとなる。そのため，本条６号では，法42条２項の規定により届出債権の内容の全部を認めたものとみなされたときにはその旨を記載すべきことを定めることとした。

6　認否を争う旨の申出が却下された旨（7号）

認否を争う旨の申出の有無については法43条4項で記載すべきものとされており，適法な認否を争う旨の申出がある場合には，届出消費者表の記載が確定判決と同一の効力を有することはない。他方で，認否を争う旨の申出がされたが，これが却下された場合，結局，適法な認否を争う旨の申出がないものとして，届出消費者表の記載が確定判決と同一の効力を有することとなる（法47条1項，2項）。そのため，本条7号では，法43条2項の規定により認否を争う旨の申出が却下されたときには，その旨を記載すべきことを定めることとした。なお，「認否を争う旨の申出が却下されたとき」とは，債権届出却下決定の場合と同様，却下決定が確定したことを意味する。

（注1）　条解民再規76頁参照

（注2）　条解会更法（中）567頁，条解民再規76頁参照

（注3）　破産法130条の訴訟の結果の記載についても，同様に解されている（条解破産法870頁参照）。

（認否のための証拠書類の送付・法第42条）

第26条　相手方は，届出債権の認否のため必要があるときは，債権届出団体に対し，当該届出債権に関する証拠書類の送付を求めることができる。

法第42条（第25条を参照）

〔解　説〕

1　本条の趣旨

本条は，相手方は，届出債権の認否のため必要があるときは，債権届出団体に対し，証拠書類の送付を求めることができることを定める規定であり，民再規37条，会更規44条1項と同趣旨の規定である[注1]。

2　本条を設けた理由

相手方は，届出期間内に債権届出があった届出債権の内容について，認否期間内に，認否をしなければならない（法42条１項）。相手方は，認否に必要な資料を自ら有している場合も多いと考えられるが，事案によっては，認否をするに当たって，届出消費者側が有する証拠書類の確認が必要となることが考えられる。

そこで，債権届出に当たっては，一律に証拠書類の提出を求めることとはせず，届出債権の認否のために必要がある場合に（注２），相手方が債権届出団体に証拠書類の送付を求められるとの規定を置くこととした。

なお，本条の規定による証拠書類の送付は，当事者間で直接行われるものであり，裁判所には提出されない。また，「送付」の方法としては，35条で準用される民訴規47条１項により，証拠書類の写しの交付又はファクシミリを利用した送信の方法によってすることになる（注３）。

（注１）　条解民再規92頁以下，条解会更規142頁以下参照

（注２）　本条による証拠書類の送付は，裁判所が直接関与しないところでのやりとりではあるが，証拠書類の送付を求める必要性を検討しないままに，機械的に一律に証拠書類の送付を求めることは本条の想定するところではない。これは，債権届出団体が相手方に証拠書類の送付を求めることができる旨を定める29条においても同様である。１条１項の解説参照。

（注３）　条解民訴規101頁以下参照

（認否の方式等・法第42条）

第27条　届出債権の認否は，書面でしなければならない。

2　相手方は，届出債権の内容の全部又は一部を認めないときは，前項の書面（次項において「認否書」という。）に，その理由を記載しなければならない。

3　相手方は，認否書について直送をしなければならない。

第27条　認否の方式等

法第42条（第25条を参照）

〔解　説〕

1　本条の趣旨

本条は，届出債権の認否の方式（１項，２項）について定めるとともに，債権届出団体が認否を争う旨の申出をするかどうかの判断に資するよう，相手方が認否書を直送すべきこと（３項）を定めるものである。なお，本条の各規定は，認否書を提出した後に届出債権の認否を変更する場合についても適用されるものである(注１)。

2　届出債権の認否の方式（１項，２項）

本条１項は，届出債権の認否は書面でしなければならないことを定めるものである。届出債権の認否については，６条の規律に服さないが，手続上，その内容を明確にしておく必要性が高いものであるので，書面でしなければならないことを個別に定めることとしている。

本条２項は，認否書の記載の方式について，届出債権の内容の全部又は一部を認めないときはその理由を記載しなければならないことを定めるものである。簡易確定手続においては，相手方は，個別事情がない限り，対象消費者に対して支払義務を負うことが共通義務確認訴訟によって既に確認されているから，そのような相手方の立場からすれば，否認の際に理由を付す程度の手続上の負担を求めることは許容されるものと考えられる上，理由のない濫用的な否認がされるのを防止する必要性もあると考えられる(注２)(注３)。ただし，否認の理由の記載がない場合でも，それによって認否の効力自体に影響はなく，その意味で，本条２項は訓示的規定である。

3　認否書の直送（３項）

債権届出団体は，届出債権の認否に対し，認否期間の末日から１月の不変期間内に，裁判所に届出債権の認否を争う旨の申出ができ（法43条１項），適法な認否を争う旨の申出がないときは，届出債権の内容は，届出債権の認否の内容により確定することとなる（法47条１項）。そのため，債権届出団体による認否を争う旨の申出の準備に資するよう，本条３項では，相手方が認否書を債権届出団体に直送しなければならないと定めることとした。

（注１）　認否の変更について法は明文の規定を置いておらず，これがどのような要件や時期において可能であるかは，法の解釈に委ねられる。なお，届出債権の内容の全部を認める旨の認否をした場合については，法42条３項の規定により，当該認否の時点で直ちに当該届出債権の内容が確定するものと解されるから（一問一答99頁参照），その後に認否を変更することは認否期間内においても許されないものと考えられる。

（注２）　破産規等においても，破産者がする異議や他の債権者の有する債権に対する異議等につき，濫用的な異議を防止するとの趣旨で，異議の理由の記載を求めている（破産規39条１項，民再規39条１項等。条解破産規97頁以下，条解民再規96頁以下参照）。

（注３）　１条１項の解説参照

（認否の内容を記載した一覧表）

第28条　裁判所は，必要があると認めるときは，相手方に対し，届出債権の認否の内容を記載した一覧表の提出を求めることができる。

〔解　説〕

１　本条の趣旨

本条は，裁判所は，必要があると認めるときは，相手方に対し，届出債権の認否の内容を記載した一覧表の提出を求めることができることを定めるものである。

２　本条を設けた理由

23条は，手続の円滑な進行のため，裁判所が債権届出団体に対し，届出債権の内容について一覧できる表を作成・提出することを求められるものとしているが，債権届出団体による認否を争う旨の申出や裁判所書記官による認否の内容の届出消費者表への記載（法42条４項）等，認否後の手続を円滑に進められるようにするためには，認否の内容についても一覧できる表があることが望ましい。

そこで，本条は，認否の内容についても，裁判所が，必要に応じて，相手方に対し，一覧表の作成・提出を求められることを定めることとした。

なお，本条に基づく一覧表には認否の内容を記載すれば足り，認否書の記載事項である否認の理由（27条２項）についてまで記載を求めるものではない。同項が否認の理由の記載を求めている趣旨は，一つには理由のない濫用的な否認を防止するところにあるが，本条が一覧表の提出を求めている趣旨からは，一覧表に否認の理由の記載を求めるべき必要性が高いとはいえないからである。

（認否を争う旨の申出の判断のための証拠書類の送付・法第43条）

第29条　債権届出団体は，認否を争う旨の申出をするかどうかを判断するため必要があるときは，相手方に対し，当該届出債権に関する証拠書類の送付を求めることができる。

法第43条（第25条を参照）

〔解　説〕

1　本条の趣旨

本条は，認否を争う旨の申出をするかどうかを判断するため必要がある場合に，債権届出団体が相手方に証拠書類の送付を求めることができることを定める規定であり，26条と同様の規定である。

2　本条を設けた理由

債権届出団体は，届出債権の認否に対し，認否期間の末日から１月の不変期間内に，裁判所に届出債権の認否を争う旨の申出ができ（法43条１項），適法な認否を争う旨の申出がないときは，届出債権の内容は，届出債権の認否の内容により確定することとなる（法47条１項）。もっとも，26条では，相手方が認否のために必要があるときは，債権届出団体に対し，届出債権に関する証拠書類の送付を求めることができるとされ，債権届出の場合に，債権届出団体に一律に証拠書類の提出を求めることとはしていない。

そこで，認否の際の証拠書類の取扱いについても，債権届出の場合と同様に，相手方に一律に証拠書類の提出を求めることとはせず，債権届出団体が，認否を争う旨の申出をするかどうかを判断するため必要がある場合に（注1），相手方に対し，証拠書類の送付を求められることとしたものである。債権届出団体は，認否期間が経過しなければ本条に基づいて証拠の送付を求めることができないものではなく，認否期間中に相手方から認否がされた場合には，その時点から，相手方に対して必要な証拠書類の送付を求めることができると考えられる。

なお，26条の場合と同様，本条に基づく証拠書類の送付も当事者間で行われるものであり，裁判所には証拠書類は提出されない。また，「送付」の方法についても，26条と同様，証拠書類の写しの交付又はファクシミリを利用した送信の方法によってすることになる。

（注１）　証拠書類の送付を求める必要性を検討しないままに，機械的に一律に証拠書類の送付を求めることが本条の想定するところではないことについては，26条と同様である（26条の解説（注２）参照）。

（認否を争う旨の申出の方式等・法第43条）

第30条　認否を争う旨の申出の書面には，できる限り，予想される争点及び当該争点に関連する重要な事実を記載し，かつ，予想される争点ごとに証拠を記載しなければならない。

２　前項の書面には，できる限り，予想される争点につき，証拠となるべき文書の写し（次項において「書証の写し」という。）を添付しなければならない。

３　債権届出団体が認否を争う旨の申出をするときは，第１項の書面及び書証の写しについて直送をしなければならない。

法第43条（第25条を参照）

〔解　説〕

1　本条の趣旨

本条は，認否を争う旨の申出は６条により書面によることとなることから，認否を争う旨の申出の書面の記載事項（１項），添付書類（２項）及びこれらの書面の直送（３項）について定めるものである。

2　認否を争う旨の申出の書面の記載事項（１項）

本条１項は，認否を争う旨の申出の書面の記載事項について定めるものである。

届出債権に対する相手方の認否に対し，債権届出団体が適法な認否を争う旨の申出をすると，届出債権の内容が認否の内容により確定せず（法47条１項参照），債権届出が却下される場合を除き，裁判所は，対象債権の存否及び内容を確定する決定（簡易確定決定）をしなければならないこととなる（法44条１項）。もっとも，決定の対象となる届出債権の請求の趣旨及び原因については，既に届出書に記載されているから（法30条２項２号），認否を争う旨の申出の書面で改めてこれらの記載を求める必要はない。他方，認否を争う旨の申出がされる前には，相手方の認否がなされており，認否書には否認の理由の記載が求められている（27条２項）。また，場合によっては，当事者間で，証拠書類のやりとりが行われていることもあり得る（26条，29条）。そうすると，認否を争う旨の申出がされる段階では，既に予想される争点が明らかになっている場合が多いと考えられ，これを早期に明らかにして実質的審理に入ることが，適切かつ迅速な簡易確定決定をするために重要である。

そこで，認否を争う旨の申出の書面には，できる限り，簡易確定決定の審理の際に予想される争点及びそれに関連する重要な事実（間接事実）の記載を求めることとしたものである。

なお，本条１項は，訓示的規定であり，申出書に本条１項に掲げる事項の記載を欠いている場合でも，これをもって認否を争う旨の申出が不適法として却下されるわけではない(注1)。

3　書証の写しの添付（２項）

本条２項は，認否を争う旨の申出の際には，できる限り，予想される争点についての書証の写しを添付すべきことを定めるものである(注2)。

認否を争う旨の申出がされる段階では，既に予想される争点が明らかになっている場合が多いと考えられる上，当事者間で，証拠書類のやりとりが行われていることもあり得る（26条，29条）ことから，本条２項は，予想される争点につき，書証の写しを添付することを定めることとした。なお，本条２項は，１項と同じく，訓示的規定であり，書証の写しの添付がないことをもって認否を争う旨の申出が不適法として却下されるわけではない。

4　認否を争う旨の申出の書面及び書証の写しの相手方への直送（３項）

認否を争う旨の申出がされると，裁判所は，当事者双方を審尋した上で簡易確定決定をしなければならないこととなる（法44条１項，２項）。

そこで，本条３項は，債権届出団体の主張及び証拠を早期に相手方に対して明らかにするため，認否を争う旨の申出の書面及び書証の写しについて相手方に直送すべきことを定めることとした。なお，本条２項の書証の写しの中には，26条の規定によって既に相手方に送付されているものが含まれることが考えられるが，同条の規定による証拠書類のやりとりは裁判所が関与しないものであり，その時点では証拠番号等による書面の特定がされていない可能性も高い。そこで，既に当事者間で送付済みのものが含まれる場合についても，例外を設けることなく，改めて直送することを求めることとしている。また，「送付」の方法は，26条及び29条と同様，写しの交付又はファクシミリを利用した送信の方法によってすることになる。

（注１）　多数の届出債権について認否を争う旨の申出がされた場合を想定すると，裁判所が全体的な審理の方針を立てるためには，本条１項の記載によって，当初から予想される争点としてどのようなものがあるかが明らかとなっていることが望ましい。他方で，認否を争う旨の申出がされる届出債権の数によっては，

その全てについて本条１項に定める記載をすることが債権届出団体にとって困難な場合もあると考えられるため，本条１項及び２項では，規定上も「できる限り」との文言を置いている。

（注２）　民再規45条３項，破産規２条３項等参照

（簡易確定決定の決定書の送達・法第44条）

第31条　簡易確定決定の決定書の送達は，その正本によってする。

（簡易確定決定）

法第44条　裁判所は，適法な認否を争う旨の申出があったときは，第36条第１項又は第63条第１項の規定により債権届出を却下する場合を除き，簡易確定決定をしなければならない。

２　裁判所は，簡易確定決定をする場合には，当事者双方を審尋しなければならない。

３　簡易確定決定は，主文及び理由の要旨を記載した決定書を作成してしなければならない。

４　届出債権の支払を命ずる簡易確定決定（第55条及び第83条第１項第２号において「届出債権支払命令」という。）については，裁判所は，必要があると認めるときは，申立てにより又は職権で，担保を立てて，又は立てないで仮執行をすることができることを宣言することができる。

５　第３項の決定書は，当事者に送達しなければならない。この場合においては，簡易確定決定の効力は，当事者に送達された時に生ずる。

〔解　説〕

1　本条の趣旨

本条は，法44条５項で簡易確定決定の決定書を送達すべきことを定めているのを受けて，その送達の方法について，決定書の正本によってすべきことを定めるものであり，35条において準用する民訴規40条１項の「特別の定め」に当たるものである。

2　本条を設けた理由

簡易確定決定は，適法な異議の申立てがないときは，確定判決と同一の効力を有し（法46条6項），適法な異議の申立てがあった場合でも，仮執行の宣言を付したものはその効力を失わず，これらは債務名義となり得るものである（法附則10条による改正後の民執法22条7号，3号の3）。強制執行は，執行文の付与された債務名義の正本に基づいて実施されるものであり（民執法25条），強制執行の申立書には債務名義の正本を添付しなければならないとされている（民執規21条）。

そこで，本条は，強制執行を行う当事者の便宜を図るため，判決書の送達の場合（民訴法255条2項）と同様に，簡易確定決定の送達を正本によってすることを定めたものである。

（異議の申立書の記載事項等・法第46条）

第32条　**届出消費者が異議の申立てをするときは，異議の申立書には，次に掲げる事項を記載しなければならない。**

一　異議の申立てをする者の代理人（法定代理人を除く。）の氏名及び住所

二　異議の申立てをする者又は代理人の郵便番号及び電話番号（ファクシミリの番号を含む。）

2　異議の申立書には，当事者（異議の申立てをする者を除く。）の数と同数の写しを添付しなければならない。

3　裁判所は，前項の写しを同項の当事者に送付しなければならない。

4　民事訴訟法第161条第2項に掲げる事項を記載した異議の申立書は，準備書面を兼ねるものとする。

（異議の申立て等）

法第46条　当事者は，簡易確定決定に対し，第44条第5項の規定による送達を受けた日から一月の不変期間内に，当該簡易確定決定をした裁判所に異議の申立てをすることができる。

2　届出消費者は，簡易確定決定に対し，債権届出団体が第44条第5項の規定による送達を受けた日から一月の不変期間内に，当該簡易確定決定をした裁判所に異議の申立てをすることができる。

3　裁判所は，異議の申立てが不適法であると認めるときは，決定で，これを却下しなければならない。

4　前項の決定に対しては，即時抗告をすることができる。

5　適法な異議の申立てがあったときは，簡易確定決定は，仮執行の宣言を付したものを除き，その効力を失う。

6　適法な異議の申立てがないときは，簡易確定決定は，確定判決と同一の効力を有する。

7　民事訴訟法第358条及び第360条の規定は，第1項及び第2項の異議について準用する。

（準備書面）

民訴法第161条　口頭弁論は，書面で準備しなければならない。

2　準備書面には，次に掲げる事項を記載する。

一　攻撃又は防御の方法

二　相手方の請求及び攻撃又は防御の方法に対する陳述

3　相手方が在廷していない口頭弁論においては，準備書面（相手方に送達されたもの又は相手方からその準備書面を受領した旨を記載した書面が提出されたものに限る。）に記載した事実でなければ，主張することができない。

〔解　説〕

1　本条の趣旨

本条は，簡易確定決定に対する異議の申立て（法46条1項，2項）について，6条により異議の申立ては書面によることとなるため，その申立書の記載事項等を定めるものである。

2　届出消費者が異議の申立てをする場合の記載事項（1項）

本条1項は，届出消費者が異議の申立てをする場合の異議申立書の記載事項を定めるものである。

異議の申立てがあったときは，届出書が訴状とみなされることになるため（法52条1項後段），届出書の記載事項として，18条3項では，通常の訴状で原告について記載される事項（任意代理人，電話番号等）を記載すべきことを定めている。しかしながら，届出消費者が異議の申立てをする場合には，異議後の訴訟の原告となるのは，債権届出団体ではなく届出消費者であり（法52条1項前段括弧書き），異議後の訴訟の関係では，18条3項に相当する事項の記載は，異議の申立てをした届出消費者について必要となると考えられる。

そこで，本条1項は，届出消費者が異議の申立てをする場合には，改めて異議申立書にこれらの事項の記載を求めることを定めることとした（注1）。

3　異議申立書の写しの添付（2項）

本条2項は，本条3項において，異議申立書の送付の規定を置くことを受けて，送付すべき当事者の数に応じた通数の申立書の写しを添付すべきことを定めるものである。なお，本条及び次条でいう「当事者」とは，簡易確定決定の当事者である債権届出団体及び相手方（事業者）を指し，届出消費者は「当事者」には含まれない（法46条1項，2項参照）。

4　異議申立書の写しの当事者への送付（3項）

本条3項は，異議の申立てがあった場合の異議申立書の写しの当事者への送付について定める規定であり，民訴規217条2項に相当する規定である。

法46条1項及び2項により，異議の申立てが当事者のほか，届出消費者にも認められているが，本条3項により，当事者が異議の申立てをした場合には他方の当事者に対して，届出消費者が異議の申立てをした場合には双方の当事者（債権届出団体及び相手方）に対して異議申立書の写しを送付することとなる（注2）。

5　異議申立書が準備書面を兼ねること（4項）

本条4項は，準備書面の記載事項を満たす異議申立書が準備書面としての性格も有することを確認的に規定するものであり，民訴規217条3項と同趣旨の規定である（注3）。

（注１）　本条１項の任意代理人の氏名及び住所については，35条において準用される民訴規２条によっても記載が求められるものであるが，本条及び次条における「当事者」については，異議の申立てをする届出消費者は含まれないため，異議の申立てをする届出消費者が，民訴規２条１項の「当事者」に該当するか（届出消費者が提出する異議申立書に同条の規律が及ぶか）について疑義が生じ得ることから，明文で規定を置くこととしたものである。なお，この点の解釈にかかわらず，債権届出団体及び事業者が提出する異議申立書については，同条が準用される。

（注２）　簡易確定手続の授権には異議の申立てについての授権も含まれているとされており（一問一答113頁参照），届出消費者のほか，債権届出団体が異議の申立てをすることができるため，届出消費者による異議の申立てがあったことを債権届出団体が把握できるよう，債権届出団体に対しても異議申立書を送付することとしたものである。

（注３）　条解民訴規447頁以下参照

（異議申立権の放棄及び異議の取下げ・法第46条）

第33条　異議を申し立てる権利の放棄は，裁判所に対する申述によってしなければならない。

２　前項の申述は，書面でしなければならない。

３　第１項の申述があったときは，裁判所書記官は，その旨を当事者（同項の申述をした者を除く。）に通知しなければならない。

４　民事訴訟規則第162条第１項の規定は，異議の取下げの書面の送達について準用する。

法第46条（第32条を参照）

（訴えの取下げがあった場合の取扱い・法第261条）

民訴規第162条　訴えの取下げの書面の送達は，取下げをした者から提出された副本によってする。

2　訴えの取下げがあった場合において，相手方の同意を要しないときは，裁判所書記官は，訴えの取下げがあった旨を相手方に通知しなければならない。

〔解　説〕

1　本条の趣旨

本条は，法46条7項が，民訴法358条（異議申立権の放棄）及び360条（異議の取下げ）を準用していることを受け，これらの際の取扱いについて，民訴規218条に相当する規定を置くものである（注1）。

2　異議申立権の放棄の方式（1項，2項）

本条1項及び2項は，異議申立権の放棄の方式について定めるものである。

本条1項は，民訴規218条1項に相当する規定であり，異議申立権の放棄は裁判所に対する申述によってしなければならないことを定めるものである。

また，異議申立権の放棄の申述は，6条に列挙された申立て等に含まれないため，同条によって書面ですることとはならないものの，本制度では，多数の簡易確定決定がなされ得ることから，異議申立権の放棄の申述は，書面によって明確にされる必要性が高いと考えられる。そこで，本条2項は，6条の「特別の定め」として，民訴規218条とは異なり，異議申立権の放棄の申述は書面でしなければならないことを規定することとした。

3　異議申立権の放棄の申述があった際の関係当事者への通知（3項）

本条3項は，異議申立権の放棄の申述があった際の関係当事者への通知について定める規定であり，民訴規218条2項に相当する規定である。本条3項は，32条3項同様，異議申立権の放棄をするのが当事者である場合と届出消費者による場合とがあることを踏まえた規定を置くこととしている。なお，当事者が放棄をした場合には，裁判所から届出消費者に通知をしなくとも，債権届出団体から届出消費者に対して通知をすることになると考えられるため，本条3項では，届出消費者に対する通知の規定は置かないこととしている。

4　異議の取下げがあった場合の取扱い（４項）

本条４項は，異議の取下げがあった場合の取扱いとして，民訴規218条３項と同様，取下書の送達は副本によってするとの規定を置くものである。

（注１）　条解民訴規448頁以下参照

第５款　費用の負担

（簡易確定手続の費用及び個別費用の負担・法第48条等）

第34条　民事訴訟規則第１編第４章第１節の規定は，簡易確定手続の費用及び個別費用の負担について準用する。

（個別費用を除く簡易確定手続の費用の負担）

法第48条　簡易確定手続の費用（債権届出の手数料及び簡易確定手続における届出債権に係る申立ての手数料（次条第１項及び第３項において「個別費用」と総称する。）を除く。以下この条において同じ。）は，各自が負担する。

2　前項の規定にかかわらず，裁判所は，事情により，同項の規定によれば当事者がそれぞれ負担すべき費用の全部又は一部を，その負担すべき者以外の当事者に負担させることができる。

3　裁判所は，簡易確定手続に係る事件が終了した場合において，必要があると認めるときは，申立てにより又は職権で，簡易確定手続の費用の負担を命ずる決定をすることができる。

4　前項の決定に対しては，即時抗告をすることができる。

5　民事訴訟法第69条から第72条まで及び第74条の規定は，簡易確定手続の費用の負担について準用する。

（個別費用の負担）

> 法第49条　裁判所は，届出債権について簡易確定手続に係る事件が終了した場合（第52条第１項の規定により訴えの提起があったものとみなされた場合には，異議後の訴訟が終了した場合）において，必要があると認めるときは，申立てにより又は職権で，当該事件に関する個別費用の負担を命ずる決定をすることができる。
> 2　前項の決定に対しては，即時抗告をすることができる。
> 3　民事訴訟法第１編第４章第１節（第65条，第66条，第67条第２項及び第73条を除く。）の規定は，個別費用の負担について準用する。

〔解　説〕

1　本条の趣旨

本条は，簡易確定手続の費用（債権届出の手数料及び簡易確定手続における届出債権に係る申立ての手数料（個別費用）を除くもの）の負担について法48条５項が，個別費用の負担について法49条３項が，それぞれ訴訟費用額の確定手続に関する民訴法71条等を準用するものとしたことを受けて，簡易確定手続の費用の負担及び個別費用の負担について，関連する民訴規24条から28条までを準用することを定めた規定である（注１）。

2　準用する民訴規の規定

(1)　簡易確定手続の費用及び個別費用の負担の額を定める申立て（注２）は書面によらなければならず，その際には，当事者は費用計算書及び費用額の疎明に必要な書面を裁判所書記官に提出するとともに，相手方（注３）に対し，直送をしなければならない（民訴規24条の準用）。

(2)　裁判所書記官は，簡易確定手続の費用及び個別費用の負担の額を定める処分をする前に，相手方に対し，一定の期間内に費用計算書及び費用額の疎明に必要な書面並びに申立人の費用計算書の記載内容についての陳述を記載した書面を提出すべき旨を催告しなければならず，相手方がその期間内に必要な書面を提出しないときは，裁判所書記官は，申立人の手続費用のみについて，その負担の額を定める処分をすれば足りる（民訴規25条の準用）。なお，この場合には，当事者双方が負担すべき手続費用の額について相殺があったものとみなす処理はしないこととなる（民訴規27条の準用)。

⑶　簡易確定手続の費用及び個別費用の負担の額を定める処分については，書面を作成し，裁判所書記官が記名押印をしなければならない（民訴規26条の準用)。

⑷　簡易確定手続の費用及び個別費用の負担の額を定める処分の更正の申立ては書面でしなければならない（民訴規28条の準用)。

（注１）　条解民訴規48頁以下参照

（注２）　簡易確定手続の費用及び個別費用の負担の裁判が執行力を生じた後にする申立て（法48条５項及び法49条３項で準用する民訴法71条）のほか，和解の際にこれらの費用の負担を定め，その額を定めなかったときの申立て（法48条５項及び法49条３項で準用する民訴法72条）がある（一問一答108頁以下参照)。

（注３）　費用額確定手続における「相手方」は費用額確定手続における相手方である費用償還義務者及びその承継人を指すものであって（コンメ民訴法Ⅱ55頁参照)，「簡易確定手続の相手方」（法21条参照）を指すとは限らない。

第６款　補則

（民事訴訟規則の準用・法第50条）

第35条　特別の定めがある場合を除き，簡易確定手続については，その性質に反しない限り，民事訴訟規則第１編第１章，第２章（第６条，第６条の２及び第８条を除く。)，第３章（第２節，第20条第１項及び第２項並びに第22条を除く。）及び第５章（第２節及び第48条を除く。)，第56条，第２編第２章（第60条，第64条，第80条，第81条，第３節及び第95条第３項を除く。）及び第３章（第101条及び第７節を除く。)，第157条第２項，第160条，同編第５章（第162条を除く。)，第３編第３章，第４編並びに第８編の規定を準用する。

（民事訴訟法の準用）
法第50条　特別の定めがある場合を除き，簡易確定手続については，その性質に反しない限り，民事訴訟法第２条，第14条，第16条，第21条，第22条，第１編第２章第３節，第３章（第30条，第40条から第49条まで，第52条及び第53条を除く。），第５章（第87条，第２節，第116条及び第118条を除く。）及び第７章，第２編第１章（第133条，第134条，第137条第２項及び第３項，第138条第１項，第139条，第140条並びに第143条から第146条までを除く。），第３章（第156条の２，第157条の２，第158条，第159条第３項，第161条第３項及び第３節を除く。），第４章（第７節を除く。），第５章（第245条，第249条から第252条まで，第253条第２項，第254条，第255条，第258条第２項から第４項まで並びに第259条第１項及び第２項を除く。）及び第６章（第261条から第263条まで及び第266条を除く。），第３編第３章，第４編並びに第８編（第403条第１項第２号及び第４号から第６号までを除く。）の規定を準用する。

〔解　説〕

1　本条の趣旨

本条は，法50条で，特別の定めがある場合を除き，簡易確定手続については，その性質に反しない限り，民訴法の規定を準用するものとし，準用される同法の条文が定められていることを受けて，同様に，特別の定めがある場合を除き，簡易確定手続について，その性質に反しない限り，関連する民訴規の規定を準用することを定めるものである。

2　本規則における「特別の定め」

本規則における「特別の定め」としては，６条（申立て等の方式について民訴規１条の特則），16条（公告事項の変更の通知の方式について民訴規４条１項の特則），31条（簡易確定決定の決定書の送達について民訴規40条１項の特則）が挙げられる。

3　準用される規定

本条により，簡易確定手続について，その性質に反しない限り準用される民訴規の規定は，以下のとおりである。

(1)　第１編　総則

ア　第１章　通則（民訴規１条から５条まで）

これらの規定は，いずれも準用される。

イ　第２章　裁判所

(ア)　第１節　管轄（民訴規６条から９条まで）

法50条が管轄違いの場合の移送に関する規定（民訴法16条，同21条，同22条）を準用していることを受けて，民訴規７条及び９条の規定のみ準用することとしている。

(イ)　第２節　裁判所職員の除斥，忌避及び回避（民訴規10条から13条まで）

法50条が民訴法第１編第２章第３節の規定を準用していることから，これらの規定は，いずれも準用される。

ウ　第３章　当事者

(ア)　第１節　当事者能力及び訴訟能力（民訴規14条から18条まで）

法50条で民訴法第１編第３章第１節の規定（同法30条を除く。）を準用していることから，これらの規定はいずれも準用される。

(イ)　第２節　共同訴訟（民訴規19条）

法50条が民訴法41条を準用していないことから，これに関する民訴規の規定は準用されない。

(ウ)　第３節　訴訟参加（民訴規20条から22条まで）

法50条が補助参加についての規定（民訴法43条）を準用していないことから，補助参加の申出書の送達について定める民訴規20条１項，２項は準用されない。他方，法50条が民訴法51条の義務承継人の訴訟参加の規定を準用していることから，同条が準用する民訴法47条１項の規定による参加申出書の送達に関する民訴規20条３項を準用している。

民訴規21条については，法50条が訴訟引受けに関する民訴法50条及び51条の規定を準用していることから，準用される。

民訴規22条については，法50条が訴訟告知についての規定（民訴法53条）を準用していないことから，準用されない。

(エ)　第４節　訴訟代理人（民訴規23条，同23条の２）

法50条で民訴法第１編第３章第４節の規定を準用していることから，これらの規定はいずれも準用される。

エ　第４章　訴訟費用（民訴規24条から30条まで）

これらの規定については，法50条が民訴法第１編第４章を準用していないことから，本条では準用されない(注１)。なお，個別費用及びその他の簡易確定手続の費用の負担について定める法48条及び49条に対応して34条で民訴規第１編第４章第１節の規定を準用していることから，これにより，上記の規定が準用される。

オ　第５章　訴訟手続

(ア)　第１節　訴訟の審理等（民訴規31条から34条まで）

法50条で民訴法第１編第５章第１節の規定（口頭弁論の必要性等を定める同法87条を除く。）を準用していることから，これらの規定は，いずれも準用される。

(イ)　第２節　専門委員等（民訴規34条の２から34条の11まで）

法50条が専門委員等に関する規定（民訴法第１編第５章第２節）を準用していないことから，これらに関する民訴規の規定はいずれも準用されない。

(ウ)　第３節　期日及び期間（民訴規35条から38条まで）

法50条で民訴法第１編第５章第３節の規定を準用していることから，これらの規定はいずれも準用される。

(エ)　第４節　送達等（民訴規39条から47条まで）

法50条で民訴法第１編第５章第４節の規定を準用していることから，これらの規定はいずれも準用される(注２)。

(オ)　第５節　裁判（民訴規48条から50条の２まで）

民訴規48条については，簡易確定手続における決定の確定証明書について9条に規定を置いているため，準用しないこととしている。

法50条で民訴法117条等を準用していることから，民訴規49条から同50条の2までの規定は，いずれも準用される。

(カ)　第6節　訴訟手続の中断（民訴規51条，同52条）

簡易確定手続における本制度の特別な中断事由として法61条の規定があり，その場合の規律として43条が民訴規51条を準用しているが，それとは別に，法50条が準用する民訴法124条の規定による中断についての規律として，民訴規51条及び同52条が準用される。

カ　第6章　訴えの提起前における証拠収集の処分等（民訴規52条の2から52条の8まで）

法50条が訴えの提起前における証拠収集の処分等についての規定（民訴法第1編第6章）を準用していないことから，これらに関する民訴規の規定はいずれも準用されない。

(2)　第2編　第一審の訴訟手続

ア　第1章　訴え（民訴規53条から59条まで）

法50条が民訴法137条1項を準用していることから，民訴規56条のみ準用される。第1章のその他の規定については，法50条が対応する条文を準用していないことから，いずれも準用されない。

イ　第2章　口頭弁論及びその準備

(ア)　第1節　口頭弁論（民訴規60条から78条まで）

これらの規定は原則として準用される。ただし，民訴規60条については，法50条が対応する民訴法139条を準用していないことから，準用されない。また，民訴規64条についても，法50条が争点及び証拠の整理手続の規定（民訴法第2編第3章第3節）を準用していないことから，準用されない。

(イ)　第2節　準備書面等（民訴規79条から85条まで）

これらの規定は原則として準用される。

準備書面に関する規定（民訴規79条から83条まで）は，簡易確定手続において提出される当事者の主張を記載した書面に準用されるが[注3]，準備書面の一種である答弁書に関する特則（民訴規80条及び81条）はいずれも準用されない。

㈦　第３節　争点及び証拠の整理手続（民訴規86条から94条まで）

法50条では，争点及び証拠の整理手続に関する規定（民訴法第２編第３章第３節）を準用していないことから，これらに関する民訴規の規定はいずれも準用されない。

㈡　第４節　進行協議期日（民訴規95条から98条まで）

これらの規定は，原則として準用される。

ただし，民訴法261条４項及び５項を準用する民訴規95条３項については，法18条２項，同40条２項及び同50条において，民訴法261条４項及び５項が準用されていないことから，準用されない。

ウ　第３章　証拠（民訴規99条から154条まで）

法50条で民訴法第２編第４章の規定（第７節を除く。）を準用していることから，これらの規定は，原則として準用される。

ただし，法50条が争点及び証拠の整理手続に関する規定を準用していないことから，争点及び証拠の整理手続を前提とする民訴規101条の規定は準用されない。また，法50条が証拠保全に関する規定（民訴法第２編第４章第７節）を準用していないことから，これに関する民訴規の規定はいずれも準用されない。

エ　第４章　判決（民訴規155条から161条まで）

法50条が判決書の記載事項について定める民訴法253条１項及び更正決定について定める同法257条を準用していることから，それぞれ対応する民訴規157条２項及び160条が準用される。なお，決定書については，本条で準用する民訴規50条１項により記名押印をすべきことが定められているため，判決書に署名押印をすべきことを定める民訴規157条１項は準用しないこととしている。

上記以外の民訴規第２編第４章の規定については，本条が準用する民訴規50条３項の規定により，その性質に反しない限り，簡易確定手続における各種の決定に準用されることとなる。

オ　第５章　裁判によらない訴訟の完結（民訴規162条から164条まで）

民訴規162条については，まず，簡易確定手続開始の申立ての取下げでは，相手方の同意ではなく裁判所の許可が必要であり（法18条１項），許可がされた場合に当事者に通知されることとなっている（14条２項）。次に，債権届出の取下げについては，簡易確定決定後は相手方の同意が必要であるが，取下げの同意擬制の規定（民訴法261条５項）が準用されていないことから送達までは不要であり，債権届出の取下げがあったときは相手方に通知されることとなっている（24条１項）。また，簡易確定決定に対する異議の取下げについては，33条が個別に民訴規162条を準用している。以上のとおり，取下げが問題となる場面については，いずれも個別に規定が設けられていることから，本条において，民訴規162条は準用しないこととしている。

民訴規163条及び164条については，法50条が受諾和解等に関する民訴法264条及び265条の規定を準用していることから，いずれも準用される。

カ　第６章及び第７章　大規模訴訟に関する特則及び簡易裁判所の訴訟手続に関する特則（民訴規168条から172条まで）

法50条が大規模訴訟に関する特則及び簡易裁判所の訴訟手続に関する特則（民訴法第２編第７章及び第８章）を準用していないことから，これらに関する民訴規の規定はいずれも準用されない（なお，平成28年１月１日施行の民事訴訟規則の一部を改正する規則（平成27年最高裁判所規則第６号）によって民訴規166条が削除されることにより，大規模訴訟に関する特則の規定はいずれも削除されることとなる。）。

(3)　第３編　上訴（民訴規173条から210条まで）

法50条が控訴及び上告に関する規定（民訴法第３編第１章及び第２章）を準用していないことから，これらに関する民訴規の規定（民訴規173条から204条まで）はいずれも準用されない。

他方で，法50条が抗告に関する規定（民訴法第３編第３章）を準用していることから，これに関する民訴規の規定（民訴規205条から210条まで）

はいずれも準用される。

(4)　第４編　再審（民訴規211条，同212条）

法50条が再審に関する規定（民訴法第４編）を準用していることから，これらの規定はいずれも準用される。

(5)　第５編から第７編まで　手形訴訟及び小切手訴訟に関する特則，少額訴訟に関する特則及び督促手続（民訴規213条から237条まで）

法50条がこれらの手続を準用していないことから，これらの規定に関する民訴規の規定はいずれも準用されない。

(6)　第８編　執行停止（民訴規238条）

法50条が民訴法403条１項（２号及び４号から６号までを除く。）を準用していることから，これに関する民訴規238条の規定は準用される。

(7)　第９編　雑則（民訴規239条）

この規定は，特許法の規定による嘱託に基づく手続に係る規定であることから，準用されない。

（注１）　もっとも，法50条が準用する民訴法259条６項及び405条２項の規定が同法76条を準用しているところ，これらの担保提供の方法においては，本条で準用するまでもなく，民訴規29条２項により同条１項が準用されることとなる（条解民再規31頁参照）。

（注２）　簡易確定手続においては，法51条において，民訴法104条１項前段の届出がなければ，共通義務確認訴訟において固定された送達場所において送達をする旨の規定があるが，これは，簡易確定手続の申立てがされた場合には，当事者双方に，その時点から民訴法104条１項前段の届出義務が発生していることを前提とするものと考えられる。

そうすると，本条において民訴規41条２項を準用しているが，これにより，当事者双方とも，送達場所の届出については，できる限り，簡易確定手続の中で最初に提出する書面に記載して行うことが求められることとなる。具体的には，簡易確定手続における定型的な書面のうち，各当事者が最初に提出するものとして，簡易確定手続申立団体については簡易確定手続開始の申立書が，相手方については認否書が考えられ，それぞれこれらの書面への記載が求められることになる。ただし，相手方については，届出書の送達（法35条）を受ける前に，届出期間等についての意見（13条３項参照）や情報開示命令の申立てについての審理の際に，裁判所に書面を提出する場合があると考えられるので，そのような場合には，それらのうちで最初に裁判所に提出する書面に記載することが望ましいものといえる。

（注３）　具体的には，簡易確定決定の審理において提出される主張書面，情報開示命令の審理において提出される相手方の意見書（17条２項）等が考えられ，これらの書面については民訴規83条の規定により，直送がされることになる。

第２節　異議後の訴訟に係る民事訴訟手続の特例

（裁量移送における取扱い・法第52条）

第36条　法第52条第３項の申立てがあったときは，地方裁判所は，相手方の意見を聴いて決定をするものとする。

２　地方裁判所は，職権により法第52条第３項の規定による移送の決定をするときは，当事者の意見を聴くことができる。

（訴え提起の擬制等）

法第52条　簡易確定決定に対し適法な異議の申立てがあったときは，債権届出に係る請求については，当該債権届出の時に，当該債権届出に係る債権届出団体（当該債権届出に係る届出消費者が当該異議の申立てをしたときは，その届出消費者）を原告として，当該簡易確定決定をした地方裁判所に訴えの提起があったものとみなす。この場合においては，届出書を訴状と，第35条の規定による送達を訴状の送達とみなす。

２　前項の規定により訴えの提起があったものとみなされる事件は，同項の地方裁判所の管轄に専属する。

３　前項の事件が係属する地方裁判所は，著しい損害又は遅滞を避けるため必要があると認めるときは，同項の規定にかかわらず，申立てにより又は職権で，その事件に係る訴訟を民事訴訟法第４条第１項又は第５条第１号，第５号若しくは第９号の規定により管轄権を有する地方裁判所に移送することができる。

〔解　説〕

1　本条の趣旨

本条は，法52条３項の規定による裁量移送における当事者の意見の聴取について定めたもので，３条と同様に，申立てによる移送に当たっては必要的に（１項），職権による移送に当たっては任意的に（２項），相手方当事者ないし双方当事者の意見を聴取することとしたものであり，民訴規８条と同趣旨（注１）の規定である。

2　本条を設けた理由

異議後の訴訟については，法52条１項の規定により訴えの提起があったものとみなされる地方裁判所の管轄に専属するとされるが（法52条２項），著しい損害又は遅滞を避けるため必要があると認めるときは，申立てにより又は職権で，当該訴訟を民訴法４条１項等の規定により管轄権を有する地方裁判所に移送することができると定められている（法52条３項）。

同項の規定による異議後の訴訟の裁量移送の際の意見聴取についても，通常の民訴法の規定による裁量移送の場合と同様の取扱いとすることが相当と考えられるため，共通義務確認訴訟の裁量移送についての３条の規定と同様の規定を置くこととした。

（注１）　民訴規８条の趣旨等については，３条の解説参照

（異議後の訴訟についての授権の証明等・法第53条）

第37条　法第53条第１項の授権は，書面で証明しなければならない。

２　法第53条第１項の授権の取消しの通知をした者は，その旨を裁判所に書面で届け出なければならない。

３　債権届出団体は，訴訟授権契約を解除したときは，その旨を裁判所に書面で届け出なければならない。

（異議後の訴訟についての届出消費者の授権）

法第53条　債権届出団体は，異議後の訴訟を追行するには，届出消費者の授権がなければならない。

2　届出消費者は，その届出債権に係る債権届出団体に限り，前項の授権をすることができる。

3　届出消費者が第８項において準用する第31条第３項の規定により第１項の授権を取り消し，又は自ら異議後の訴訟を追行したときは，当該届出消費者は，更に債権届出団体に同項の授権をすることができない。

4　債権届出団体は，正当な理由があるときを除いては，訴訟授権契約（届出消費者が第１項の授権をし，債権届出団体が異議後の訴訟を追行することを約する契約をいう。以下同じ。）の締結を拒絶してはならない。

5　第１項の授権を得た債権届出団体は，正当な理由があるときを除いては，訴訟授権契約を解除してはならない。

6　第１項の授権を得た債権届出団体は，当該授権をした届出消費者のために，公平かつ誠実に異議後の訴訟の追行及び第２条第９号ロに規定する民事執行の手続の追行（当該授権に係る債権に係る裁判外の和解を含む。）並びにこれらに伴い取得した金銭その他の財産の管理をしなければならない。

7　第１項の授権を得た債権届出団体は，当該授権をした届出消費者に対し，善良な管理者の注意をもって前項に規定する行為をしなければならない。

8　第31条第３項から第５項まで及び第32条の規定は，第１項の授権について準用する。

9　民事訴訟法第58条第２項並びに第124条第１項（第６号に係る部分に限る。）及び第２項の規定は，異議後の訴訟において債権届出団体が第１項の授権を欠くときについて準用する。

〔解　説〕

1　本条の趣旨

本条は，異議後の訴訟における届出消費者の授権（法53条１項の授権）について，その書面による証明（１項），相手方に対して授権の取消しの通知をした者による裁判所への届出（２項）及び訴訟授権契約を解除した債権届出団体による裁判所への届出（３項）について定める規定であり，簡易確定手続における対象消費者の授権（法31条１項の授権）に関する20条１項，３項及び21条に相当する規定である。

2　授権の書面による証明（１項）

本条１項は，法53条１項の授権の証明について，法31条１項の授権に関する20条１項と同様に，書面で証明しなければならないことを定める規定であり，法定代理権や選定当事者の選定等に関する民訴規15条と同趣旨の規定である。

3　授権の取消しの通知をした者の裁判所への届出（２項）

法53条１項の授権をした届出消費者は当該授権を取り消すことが認められているところ（法53条８項で準用する法31条３項），当該授権の取消しについては，当該授権をした届出消費者又は当該授権を得た債権届出団体から相手方に通知しなければ効力を生じないものとされている（法53条８項で準用する法31条４項）。

法53条１項の授権の取消しは，訴訟手続の中断事由となるものであり（法53条９項で準用する民訴法124条１項６号）[注１]，手続の安定性及び明確性の確保の観点からは，裁判所においても当然把握しておく必要があると考えられる。

そこで，本条２項では，法31条１項の授権に関する20条３項の規定と同様に，相手方に対する法53条１項の授権の取消しの通知をした者[注２]の裁判所に対する届出義務を定めて，民訴規17条と同様の規定を置くこととしたものである。

なお，本条２項の規定による届出の有無，内容等については，訴訟手続上明確にさせておく必要があると考えられるため，本条２項では，民訴規17条と同様，届出の方式について書面によることを定めている（注3）（注4）。

4　訴訟授権契約を解除した債権届出団体による裁判所への届出（3項）

授権の取消しの場合と同様，債権届出団体による訴訟授権契約の解除（法53条5項参照）は，訴訟手続の中断事由となるものであり（注5），手続の安定性及び明確性の確保の観点からは，裁判所においても当然把握しておく必要がある。

そこで，本条3項は，本条2項と同様に，債権届出団体が，訴訟授権契約を解除したときは，その旨を裁判所に書面で届け出なければならないことを定めるものであり，簡易確定手続授権契約の解除の際の21条に相当する規定である。

なお，本条2項の届出と同様に，この届出の有無，内容等についても，訴訟手続上明確にさせておく必要があると考えられるため，本条3項では届出の方式について書面によることを定めている。

（注1）　一問一答116頁参照

（注2）　対象消費者が相手方に対して通知をした場合には，当該対象消費者が本条2項の規定による届出を行うべきことについては，20条の解説（注4）参照

（注3）　条解民訴規36頁参照

（注4）　20条3項及び21条の規定による届出は6条の規定により書面によって行うこととなるが（6条の解説参照），本条2項及び3項の届出については6条の規律が及ばないため，届出の書面性について個別に規定を置くこととしている。

（注5）　一問一答116頁参照

（訴訟手続の受継の申立ての方式・法第53条）

第38条　民事訴訟規則第51条の規定は，異議後の訴訟において債権届出団体が法第53条第1項の授権を欠くときについて準用する。

法第53条（第37条を参照）

（訴訟手続の受継の申立ての方式・法第124条等）
民訴規第51条　訴訟手続の受継の申立ては，書面でしなければならない。
2　前項の書面には，訴訟手続を受け継ぐ者が法第124条（訴訟手続の中断及び受継）第１項各号に定める者であることを明らかにする資料を添付しなければならない。

〔解　説〕

本条は，法53条９項が，異議後の訴訟において債権届出団体が同条１項の授権を欠くときについて民訴法124条１項（６号に係る部分に限る。）及び２項を準用していることを受けて，関連する民訴規51条をこの場合に準用することを定めるものである(注1)。

民訴規51条の準用により，この場合の受継の申立ては書面で行い，異議後の訴訟の手続を受け継ぐ者として記載した者は，受継資格を有する者(注2)であることを明らかにする資料を申立書に添付しなければならないこととなる(注3)。

（注１）　民訴規52条は訴訟手続の中断事由が生じたときの訴訟代理人による届出義務を定めているところ，本条では民訴規52条は準用していない。

法53条１項の授権が取り消された場合又は債権届出団体が訴訟授権契約を解除した場合には，債権届出団体等による裁判所への届出がされることとなり（37条２項，３項），これによって裁判所は中断事由が生じたことを把握できることとなるが，このような場合に，中断事由が生じたことを訴訟代理人に重ねて裁判所に届け出させる必要はないと考えられる。また，債権届出団体又は簡易確定手続の相手方が異議の申立てをした場合において，当初から債権届出団体が法53条１項の授権を得られなかった場合には，授権を証する書面（37条１項）が提出されないことによって，裁判所はその事実を把握し得るものと考えられる。そこで，異議後の訴訟において債権届出団体が法53条１項の授権を欠くときについては，民訴規52条は準用しないこととしている。

なお，異議後の訴訟において，法53条９項に規定する中断事由以外に民訴法124条１項各号に定める一般的な訴訟手続の中断事由が生じた場合には，民訴規51条及び同52条が当然に適用される。

第38条　訴訟手続の受継の申立ての方式

（注２）　この場合の訴訟手続を受継すべき者は，法53条１項の授権をすべき届出消費者である（一問一答116頁参照）。

（注３）　条解民訴規110頁以下参照

第４章　特定適格消費者団体のする仮差押え等

（仮差押命令の申立書の記載事項・法第56条）

第39条　法第56条第１項の申立てをするに当たり，同項の規定による他の申立てであって，対象債権及び対象消費者の範囲の全部又は一部並びに共通義務確認の訴えの被告とされる事業者が同一であるものが既にされているとき（当該他の申立てが取り下げられ若しくは却下されたとき，又は当該他の申立てに係る仮差押命令が取り消されたときを除く。）は，申立書には，当該他の申立てに係る次に掲げる事項を記載しなければならない。

一　事件の表示

二　裁判所の表示

三　手続の当事者である特定適格消費者団体

四　保全すべき権利

五　仮に差し押さえるべき物

（特定適格消費者団体のする仮差押え）

法第56条　特定適格消費者団体は，当該特定適格消費者団体が取得する可能性のある債務名義に係る対象債権の実現を保全するため，民事保全法の規定により，仮差押命令の申立てをすることができる。

2　特定適格消費者団体は，保全すべき権利に係る金銭の支払義務について共通義務確認の訴えを提起することができる場合に限り，前項の申立てをすることができる。

3　第１項の申立てにおいては，保全すべき権利について，対象債権及び対象消費者の範囲並びに当該特定適格消費者団体が取得する可能性のある債務名義に係る対象債権の総額を明らかにすれば足りる。

4　特定適格消費者団体は，対象債権について，第１項の規定によるもののほか，保全命令の申立てをすることができない。

〔解　説〕

1　本条の趣旨

本条は，法56条１項の規定による仮差押命令の申立書の記載事項として，同項の規定による他の申立てであって当該仮差押えと対象債権及び対象消費者の範囲の全部又は一部並びに共通義務確認の訴えの被告とされる事業者を同じくするものがある場合には，当該他の申立てに係る事件の表示（１号）[(注１)]，裁判所の表示（２号），手続の当事者である特定適格消費者団体（３号），保全すべき権利（４号）及び仮に差し押さえるべき物（５号）を記載すべきことを定めるものである。

2　本条を設けた理由

特定適格消費者団体が共通義務確認訴訟を追行中に，事業者がその責任財産を散逸させてしまうおそれがある場合，共通義務確認訴訟を提起する特定適格消費者団体による仮差押命令の申立てを認める必要があるといえる[(注２)]。そのため，法は，特定適格消費者団体が，保全すべき権利に係る金銭の支払義務について共通義務確認の訴えを提起することができる場合には，当該特定適格消費者団体が取得する可能性のある債務名義に係る対象債権の実現を保全するため，民保法の規定により，仮差押命令の申立てをすることができることとした（法56条１項，２項）。そして，この申立てにおいては，被保全債権について，対象消費者の個別具体的な債権を明らかにするのではなく，対象債権及び対象消費者の範囲並びに当該特定適格消費者団体が取得する可能性のある債務名義に係る対象債権の総額を明らかにすれば足りるとされている（法56条３項）。

対象債権及び対象消費者の範囲の全部又は一部並びに共通義務確認の訴えの被告とされる事業者が同一である他の仮差押命令の申立てが既にある場合，当該他の申立てと新たに仮差押えをする特定適格消費者団体が同一の場合には，保全の必要性の判断に当たって先行の仮差押えとの関係を考慮する必要があることに加え，上記の本制度における仮差押えの性質からすると，当該他の申立てと新たに仮差押えをする特定適格消費者団体が異なる場合でも，既にされている他の特定適格消費者団体による仮差押えの内容は，新たな申立てにおける被保全債権の額（当該特定適格消費者団体が取得する可能性のある債務名義に係る対象債権の総額）の判断に影響し得ることとなる（注３）。

このように，既に申立てがされている他の仮差押えの内容（被保全債権及び仮差押命令の対象物）は，新たな仮差押命令の申立てにおける被保全債権ないし保全の必要性の判断に影響し得るものであることから，本条は，当該他の仮差押命令の申立ての内容を仮差押命令の申立書の記載事項とすることとしたものである（注４）。上記の趣旨からすると，既にされている「他の申立て」は，新たに仮差押命令の申立てをする特定適格消費者団体が自ら行ったもの及び他の特定適格消費者団体が行ったものの双方がこれに当たることとなる（注５）。

本条により，既に他の仮差押命令の申立てがされていれば，当該申立てに係る仮差押命令の発令前であっても，その記載が求められることになるが，当該申立てが取り下げられ若しくは却下されたとき，又は当該申立てに係る仮差押命令が発令されたが取り消された場合には，当該申立てに係る仮差押命令と新たな法56条１項の仮差押命令の申立てに係る仮差押命令が併存することはなく，既にされた仮差押命令の申立ての存在が，新たな申立ての審理には直ちに影響しないと考えられる。そのため，その場合には申立書に当該申立てについての記載を要しないこととしている。なお，25条５号及び７号と同様，「却下されたとき」，「取り消されたとき」とは，却下決定又は取消決定が確定したことを意味する。

（注１）　「事件の表示」とは，２条２項２号等と同様，当該仮差押命令の申立てに係る事件の事件番号を意味するものである。

（注２）　一問一答122頁以下参照

（注３）　法56条１項の仮差押えの被保全債権の額（当該特定適格消費者団体が取得する可能性のある債務名義に係る対象債権の総額）は，当該特定適格消費者団体に対してどの程度授権がされるかの見込みに左右されるため，対象債権及び対象消費者の範囲の全部又は一部が同一である被害回復裁判手続を追行する特定

適格消費者団体が他に存在する場合には，他の特定適格消費者団体に対してどの程度授権がされるかが，被保全債権の額に影響し得るものと考えられる。例えば，20万円の損害を受けた対象消費者が100名いる消費者被害において，Ａ団体が80名から授権を受ける見込みであるとして1600万円を被保全債権とし，また，Ｂ団体が70名から授権を受ける見込みであるとして1400万円を被保全債権とする仮差押命令の申立てがされ，双方の申立てが認められると，総額2000万円の消費者被害について，事業者が3000万円分の財産の仮差押えを受けるということになりかねないこととなるが，このような帰結は不相当であろう。

（注４）　それぞれ対象とする金銭の支払請求権が異なるものであるために，対象債権及び対象消費者の範囲の重なりはないものと考えられる場合であっても，新たな仮差押命令の申立てと既にされた他の申立てとが共通義務確認訴訟における請求の基礎となる消費者契約及び財産的被害を同じくする複数の共通義務（19条の解説参照）に関するものである場合，これらは，相互に被保全債権の額及び保全の必要性に影響し得るものである。そのため，本条の趣旨からすると，このような場合にも本条に沿った記載がされることが望ましいといえる。

（注５）　特定適格消費者団体が法56条１項の規定による仮差押命令の申立てをしたことやその申立てに対して裁判所の決定があったこと，仮差押命令に関する手続が終了したことについては，当該特定適格消費者団体からの通知及び内閣総理大臣からの伝達によって，全ての特定適格消費者団体が知り得るものである（法78条１項１号から４号まで，同項６号，同条２項）。また，「事件の表示」や「保全すべき権利」等の申立ての内容についても，必要に応じて，通知等を受けた特定適格消費者団体から他の特定適格消費者団体に照会することによって情報を入手することが可能と考えられる（１条２項の解説参照）。

（強制執行の申立書等の記載事項等）

第40条　特定適格消費者団体が法第56条第１項の申立てに係る仮差押え（当該特定適格消費者団体を手続の当事者とするものに限る。）の執行がされている財産について強制執行の申立てをするときは，当該強制執行の申立書には，次に掲げる事項を記載しなければならない。

一　当該仮差押えの執行に係る仮差押命令を発した裁判所及び当該仮差押命令の事件の表示

二　当該強制執行の申立てが当該仮差押えにより保全される債権に基づくものであるときは，その旨

2　前項第２号に規定する場合には，同項の強制執行の申立書には，同項第１号の仮差押命令の決定書の写しを添付しなければならない。

3　前二項の規定は，特定適格消費者団体が第１項の財産について強制執行又は担保権の実行の手続がされている場合において配当要求をするときについて準用する。

法第56条（第39条を参照）

〔解　説〕

1　本条の趣旨

本条は，特定適格消費者団体が法56条１項の仮差押えの執行がされている財産について強制執行の申立てをする場合（１項，２項）又は配当要求をする場合（３項）における，強制執行の申立書又は配当要求書の記載事項及び添付書類を定めるものである。

2　強制執行の申立書の記載事項（１項）

本条１項は，特定適格消費者団体が，法56条１項の仮差押えの執行がされている財産について，強制執行の申立てをする場合に，強制執行の申立書に，「当該仮差押えの執行に係る仮差押命令を発した裁判所及び当該仮差押命令の事件の表示」（１号）及び「当該強制執行の申立てが当該仮差押えにより保全される債権に基づくものであるときは，その旨」（２号）を記載すべきことを定めるものである。

強制執行の対象となる財産に差押債権者が行った仮差押えが存在する場合，差押えの請求債権が仮差押えの被保全債権として扱われるかどうかは，執行手続の各場面に影響し得るところ（注１），法56条１項の仮差押えには，通常の仮差押えとは異なり，その被保全債権が仮差押命令の時点では個別具体的な債権としては特定されておらず（39条の解説参照），具体的に被保全債権として扱われる債権がいつ，どのような基準で特定されるかが問題となり得るという特徴がある（注２）。

そこで，本条１項は，このような法56条１項の仮差押えの特徴を踏まえ，執行手続の中で被保全債権として扱われる債権の範囲が早期に明確にされるよう，強制執行の申立書において，仮差押えの事実及び請求債権と被保全債権との関係について記載をするよう定めたものである。

なお，強制執行の申立てをする特定適格消費者団体は，別の特定適格消費者団体が行った法56条１項の仮差押えの仮差押債権者としては扱われないことから（注３），強制執行の申立てをする特定適格消費者団体とは別の特定適格消費者団体が法56条１項の仮差押えをしている場合には，当該仮差押えについて記載する必要はない（注４）。

⑴　仮差押命令を発した裁判所及び仮差押命令の事件の表示（１号）

特定適格消費者団体を手続の当事者とする法56条１項の仮差押えの事実を裁判所が把握するため，当該仮差押命令を発した裁判所及び事件の表示（注５）を求めるものである。なお，２号の記載がされる場合，１号の記載はこれと独立して行わなければならないものではなく，これと一体のものとして行えば足りる。

⑵　請求債権である対象債権と仮差押えの被保全債権との関係（２号）

差押えの請求債権である対象債権と仮差押えの被保全債権との関係を早期に明確にするため，「当該強制執行の申立てが当該仮差押えにより保全される債権に基づく」ものである場合にはその旨の記載を求めるものである（注６）（注７）。

3　仮差押命令の決定書の写しの添付（２項）

請求債権が被保全債権として扱われるかどうかは，執行手続の各場面に影響し得るところ，１項２号の規定により，強制執行の申立てが被保全債権に基づくものである旨の記載がある場合には，裁判所において請求債権が仮差押命令に記載された「対象債権及び対象消費者の範囲」に含まれるかどうかを判断するための資料として，仮差押命令の決定書の記載を確認する必要があると考えられる。

そこで，本条２項は，強制執行の申立書に仮差押命令の決定書の写しを添付するよう定めたものである。

4　配当要求をする場合の準用（３項）

特定適格消費者団体が法56条１項の申立てに係る仮差押えの執行がされている財産について配当要求をする場合においても，配当要求をする債権が仮差押えの被保全債権として扱われるかどうかが問題となるのは，強制執行の申立てをする場合と同様である。

そこで，本条３項は，特定適格消費者団体が配当要求をする場合に，本条１項及び２項の規定を準用することを定めたものである。なお，この場合，仮差押命令の事件の表示等や配当要求が仮差押えの被保全債権に基づく旨は強制執行の申立書ではなく配当要求書（民執規26条）に記載し，仮差押命令の決定書の写しを添付すべき場合には，配当要求書にこれを添付することになる。

（注１）　本制度において，届出債権について取得した債務名義に基づいて強制執行をする際に，その請求債権が仮差押えの被保全債権として扱われるかどうかは，いまだ債務名義を取得していない届出債権について配当受領資格が認められる金額に影響するほか，不動産の仮差押えの登記後に当該不動産が譲渡されてその登記がされた場合に強制競売の申立てが認められるかどうか，仮差押えに後れる抵当権者の配当受領資格（民執法87条２項参照），債権執行の場合に当該差押えによって供託義務（同法156条２項）が発生するかどうかなどの点で影響し得る。

（注２）　被保全債権の特定の問題は，特定適格消費者団体が債務名義を取得した対象債権の総額が，仮差押命令で被保全債権とした対象債権の総額を上回るとき（上回る可能性があるとき）に生じる。具体的な被保全債権の特定に関する考え方は複数あり得るところであり，例えば，①特定適格消費者団体が，客観的に仮差押命令の「対象債権及び対象消費者の範囲」に含まれる対象債権について債務名義を取得した場合に，債務名義を取得した対象債権のうち，どの債権を仮差押えの被保全債権とするかについては，特定適格消費者団体が特定（選択）できるという考え方や，②客観的に仮差押命令の「対象債権及び対象消費者の範囲」に含まれる対象債権であって，特定適格消費者団体が債務名義を取得した全てについて被保全債権として扱う（債務名義の総額が被保全債権を上回る

ので，対象債権の請求額で按分する。）との考え方等があり得る（①の見解に立つ立法担当者の論説として，加納克利＝須藤希祥「消費者裁判手続特例法における仮差押えと強制執行手続」ジュリスト1481号44頁以下がある。）。この点は法の解釈に委ねられるものであって，本条は特定の考え方を前提とする規定ではない。

（注３）　一問一答129頁参照

（注４）　本条は，特定適格消費者団体が，対象債権（被保全債権となる対象債権に限られない。）について行う民事執行の手続を想定したものであり，特定適格消費者団体が対象債権とは別に債務名義を取得した債権（特定適格消費者団体が有する債権）に基づいて，本条１項の財産に強制執行の申立てをする場合には，本条に基づく記載は必要ない。

（注５）　「事件の表示」とは，２条２項２号等と同様，当該仮差押命令の申立てに係る事件番号を意味するものである。

（注６）　特定適格消費者団体が被保全債権となる具体的な債権を特定（選択）できるとの考え方に立つ場合（前掲（注２）参照），この記載によって，特定適格消費者団体による被保全債権の特定（選択）の結果が強制執行の申立て時点において明らかにされることになると考えられる。他方で，客観的に仮差押命令の「対象債権及び対象消費者の範囲」に含まれる対象債権について特定適格消費者団体が債務名義を取得した場合には全て被保全債権として扱うとの考え方（前掲（注２）参照）に立つ場合，この記載は，被保全債権が客観的に仮差押命令の「対象債権及び対象消費者の範囲」に含まれるかどうかを裁判所に知らしめ，その後の手続を円滑に進めるためのものになると考えられる。

（注７）　「当該強制執行の申立てが当該仮差押えにより保全される債権に基づく」とは，請求債権のうち，一部の債権のみが被保全債権に該当する場合も含むものであり，その場合，２号の記載については，請求債権のうち被保全債権となる債権の範囲を特定して記載する必要がある。

（対象債権について配当等を受けた場合等の通知）

第41条　特定適格消費者団体は，対象債権について法第２条第９号ロに規定する民事執行の手続により弁済を受け，又は配当等（民事執行法（昭和54年法律第４号）第84条第３項に規定する配当等をいう。以下この条及び次条において同じ。）を受けたときは，速やかに，次に掲げる事項を債務者に

書面で通知しなければならない。

一　民事執行の事件の表示

二　執行裁判所の表示

三　債務名義の表示

四　弁済を受け，又は配当等を受けた額及び年月日

五　対象債権の額（利息その他の附帯の債権の額を含む。）

六　前号の額のうち弁済又は配当等により消滅した部分の額

（定義）

法第２条　この法律において，次の各号に掲げる用語の意義は，当該各号に定めるところによる。

九　被害回復裁判手続　次に掲げる手続をいう。

ロ　特定適格消費者団体が対象債権に関して取得した債務名義による民事執行の手続（民事執行法（昭和54年法律第４号）第33条第１項，第34条第１項，第35条第１項，第38条第１項，第90条第１項及び第157条第１項の訴えに係る訴訟手続（第61条第１項第３号において「民事執行に係る訴訟手続」という。）を含む。）及び特定適格消費者団体が取得する可能性のある債務名義に係る対象債権の実現を保全するための仮差押えの手続（民事保全法（平成元年法律第91号）第46条において準用する民事執行法第33条第１項，第34条第１項及び第38条第１項の訴えに係る訴訟手続（第61条第１項第１号において「仮差押えの執行に係る訴訟手続」という。）を含む。）

（売却代金の配当等の実施）

民執法第84条　執行裁判所は，代金の納付があつた場合には，次項に規定する場合を除き，配当表に基づいて配当を実施しなければならない。

２　債権者が一人である場合又は債権者が二人以上であつて売却代金で各債権者の債権及び執行費用の全部を弁済することができる場合には，執行裁判所は，売却代金の交付計算書を作成して，債権者に弁済金を交付し，剰余金を債務者に交付する。

3　代金の納付後に第39条第１項第１号から第６号までに掲げる文書の提出があつた場合において，他に売却代金の配当又は弁済金の交付（以下「配当等」という。）を受けるべき債権者があるときは，執行裁判所は，その債権者のために配当等を実施しなければならない。

4　代金の納付後に第39条第１項第７号又は第８号に掲げる文書の提出があつた場合においても，執行裁判所は，配当等を実施しなければならない。

〔解　説〕

1　本条の趣旨

本条は，特定適格消費者団体が，対象債権について民事執行の手続により弁済，又は配当等を受けた場合に，債務者である事業者に対して，特定適格消費者団体が弁済や配当等を受けた額のほか，弁済や配当等の対象となる個別の対象債権の額とそのうち消滅した額（個別の対象債権への充当関係）等を通知すべきことを定めるものである。

2　本条を設けた理由

特定適格消費者団体が対象債権に関して取得した債務名義による民事執行の手続（法２条９号ロ）においては，複数の対象消費者の有する対象債権について，特定適格消費者団体が民事執行の手続を追行し，その手続の中で弁済や配当等を受ける場合にも，特定適格消費者団体がまとめてこれを受領することになる（注１）。

特定適格消費者団体が，民事執行の手続の中で債務名義に係る対象債権の一部について弁済や配当等を受けた場合，その後にその債務名義に基づいて別の財産について更に民事執行の手続をすることが考えられる。また，届出消費者は承継執行文を得て自ら強制執行をすることもできることから（注２），特定適格消費者団体に届出債権の強制執行を委ねてその一部について弁済や配当等を受けた届出消費者が，再度の強制執行の際には，自ら強制執行を行うことも考えられる。そうすると，再度の強制執行の申立てによって過剰執行となることを防止し，債務者が請求金額の当否について判断することを可能とするため，債務者が，特定適格消費者団体のする民事執行の手続における弁済や配当等によって，個別の届出債権についてそれぞれいくら充当がされたかを把握しておく必要がある。

そこで，本条は，特定適格消費者団体が，民事執行の手続により，弁済又は配当等を受けたときは，債務者に対して弁済又は配当等による個別の対象債権への充当関係等を通知するよう定めることとした（注3）（注4）。また，本条による通知はその性質上正確に行う必要性が高いことから，その方式は書面で行うべきこととしている（注5）。

なお，特定適格消費者団体が同一の債務名義を利用した再度の強制執行の申立てをする場合，本条の通知内容に基づき，既に実施された弁済又は配当等を反映した上で申立てを行うものと考えられるが，本条の通知がされた債務名義について再度の強制執行の申立てをする場合には，参考資料として，その通知書を裁判所に提出することも考えられる。

3　通知が必要となる場合（本条柱書）

(1)　「弁済」を受けた場合

特定適格消費者団体のする民事執行の手続において特定適格消費者団体が「弁済」を受けた場合としては，動産執行において執行官が弁済を受領した場合（民執法122条２項），債権執行において特定適格消費者団体が債権の取立てをした場合（同法155条２項）（注6），債権執行において転付命令が確定した場合（同法160条）及び譲渡命令が確定した場合（同法161条６項，同160条）がある。

なお，民事執行の手続によらず，債務名義に係る対象債権について特定適格消費者団体が任意に弁済を受けた場合には本条は適用されない。

(2)　「配当等」を受けた場合

民執法84条３項に規定する「配当等」とは，配当のほか弁済金の交付を指すものである。

なお，特定適格消費者団体の有する債務名義について法56条１項の仮差押え等を理由として配当等留保供託がされた場合（民執法91条１項２号等），供託された部分については，供託事由が消滅して実際に配当等が実施された際（同法92条等）に本条の通知が必要となる。また，既に配当を受けた債権について追加配当（同法92条２項等）を受ける場合には，当初の配当の時点で通知をし，追加配当時に再度通知を行うこととなる。

4　通知すべき事項（本条各号）

(1)　民事執行の事件の表示（１号）及び執行裁判所の表示（２号）

１号及び２号は，「弁済」又は「配当等」がされた民事執行の事件の表示（１号）及び執行裁判所の表示（２号）の記載を求めるものである(注7)。

(2)　債務名義の表示（３号）

３号は，「債務名義の表示」の記載を求めるものであり，「債務名義の表示」は，判決，仮執行の宣言を付した届出債権支払命令等民執法22条各号に掲げるものを，異議後の訴訟や簡易確定手続の事件番号等によって特定して記載するものである(注8)。

(3)　弁済又は配当等を受けた額及び年月日（４号）

４号は，特定適格消費者団体が受けた弁済又は配当等の額（複数の対象債権について受領した場合にはその合計額）と年月日についての記載を求めるものである。

(4)　対象債権の額（５号）及び弁済又は配当等により消滅した部分の額（６号）

５号及び６号は，４号で記載される特定適格消費者団体が受けた弁済又は配当等の額について，個別の対象債権への充当関係についての記載を求めるものである。

特定適格消費者団体が弁済を受領すると，実体法上，その時点で個別の対象債権について弁済の効果が発生し，その時点での個別の対象債権の額に基づいて，各対象消費者の債権について充当がされることとなると考えられるところ(注9)，５号は，充当計算の基礎として，弁済又は配当等による充当の対象となる対象債権について，各対象債権を特定した上で，それぞれの元本，利息その他の附帯の債権の額の記載を求めるものである。

６号は，５号で記載される各対象債権の額について，そのうち，弁済又は配当等によって消滅した部分の額の記載を求めるものであり，元本，利息その他の附帯の債権に対して充当される額をそれぞれ分けて記載することとなる。

（注１）　簡易確定手続及び特定適格消費者団体を当事者とする異議後の訴訟において特定適格消費者団体が取得する債務名義は，届出債権について，特定適格消費者団体への支払を命じるものであり，特定適格消費者団体は，取得した債務名義に基づいて自ら民事執行手続を追行することができる（一問一答135頁参照）。そうすると，特定適格消費者団体が取得した債務名義に基づいて行う民事執行手続において，執行債権者として扱われるべき主体は特定適格消費者団体であり，当該債務名義に係る対象債権を有する個別の届出消費者ではないものと考えられる。

（注２）　一問一答135頁参照

（注３）　配当が行われる場合，配当表には，民執法87条１項各号に掲げる各債権者について，その債権額や配当の順位及び額を記載する必要があるが（民執法85条１項，６項），特定適格消費者団体のする民事執行の手続における執行債権者が特定適格消費者団体であることからすれば，法律上，配当表には，特定適格消費者団体が取得した債務名義に係る対象債権の合計額と，これに対して配当されるべき金額の合計額を記載すれば足り，個別の対象債権の内訳やこれに対する充当関係については，記載する必要はないものと考えられる。

また，再度の強制執行の際に過剰執行が行われるのを防止するためのものとして，債務名義の正本への奥書の記載がある（民執規62条３項）が，これについても配当表と同様に，奥書に記載すべき「配当等を受けた額」（同項）について，特定適格消費者団体が受領した合計額のみを記載すれば足りると考えられる。

（注４）　特定適格消費者団体は当然に配当等の受領権限を有しており（一問一答135頁参照），特定適格消費者団体が弁済を受領すると，実体法上，その時点で配当等の対象となった個別の対象債権について弁済の効果が発生し，その時点での当該対象債権の額に基づいて，それぞれ充当がされることとなり，その後に特定適格消費者団体が実際に個別の対象消費者への分配をいつ，いくら行うかによって，既に発生した個別の対象債権についての弁済の効力が左右されるものではないと考えられる。本条による通知の対象となるのも，実体法上生じた弁済

の効果についての計算結果であり，特定適格消費者団体が実際に各対象消費者に分配した額ではない。

なお，本条の通知は，それ自体が実体法上の効果を有するものではなく，債務者は，特定適格消費者団体による充当計算の内容を争う場合には，再度の強制執行の際に請求異議の訴えを提起することが可能である。

（注５）　民執規３条１項で準用される民訴規４条１項の例外となる規定である。なお，民訴規４条５項の準用により，債務者が所在不明であるとき等には本条の通知は要しないこととなる（条解民訴規15頁以下参照）。

（注６）　取立てが行われた場合には裁判所による配当等が実施されないので，特定適格消費者団体がいつの時点で，いくらを受領したかについて債務者が把握する必要がある。また，債務者には，弁済を受けた時点での個々の対象債権の額について把握する手段がないため，特定適格消費者団体が本条に基づいて債務者に通知を行う必要があるといえる。

なお，この場合，特定適格消費者団体から裁判所に対して取立届が提出されることとなるが（民執法155条３項，民執規137条），そこで記載されるのは「第三債務者から支払を受けた額及び年月日」（民執規137条３号）であり，弁済を受けた時点での個々の対象債権の現在額や個別の対象債権への充当関係については記載がされないものと考えられる。

（注７）　取立届等における「事件の表示」（民執規137条１号等）は裁判所の表示を含むものであるが（条解民執規486頁等参照），本条１号の「事件の表示」は，２条２項２号等と同様，事件番号を意味するものである。

（注８）　執行文付与の申立書（民執規16条１項２号）及び強制執行の申立書（民執規21条２号）における記載と同様である（条解民執規68頁，87頁以下参照）。

（注９）　対象消費者の個々の債権への充当額は，実体法の規定によって定まることとなり，具体的な計算としては，①債権者平等の原則（比例弁済原則）に従って，各対象消費者の債権額に比例して各対象消費者に配分する額を定め，②各対象消費者への配分が定まった後に，法定充当によって各対象消費者が有する複数の債権への充当関係（利息等の附帯の債権がある場合にはそれらについての充当関係も含む。）を定めるという方法が考えられる。

（配当等の額の供託がされている場合における対象債権の確定の結果の届出）

第42条　法第56条第１項の申立てに係る仮差押えについて民事執行法その他

の法令の規定により仮差押債権者の債権に対する配当等の額に相当する金銭が供託されている場合において，当該仮差押えの手続の当事者である特定適格消費者団体を当事者とする簡易確定手続及び異議後の訴訟の手続が全て終了したときは，当該特定適格消費者団体は，速やかにこれらの手続における対象債権の確定の結果を執行裁判所に書面で届け出なければならない。

法第56条（第39条を参照）

〔解　説〕

1　本条の趣旨

本条は，法56条１項の仮差押えがされている財産の執行手続において，いまだ債務名義を取得していない対象債権について配当等留保供託がされている場合に，追加配当等（注１）の要件を執行裁判所が把握する端緒として，仮差押えをした特定適格消費者団体を当事者とする簡易確定手続及び異議後の訴訟の手続が全て終了したときに，特定適格消費者団体から執行裁判所へ対象債権の確定の結果の届出を求めるものである。

2　本条を設けた理由

仮差押債権者に対する配当について配当等留保供託がされた場合（民執法91条１項２号等），「供託の事由が消滅した」（民執法92条１項等）（注２）として追加配当等をするためには，執行裁判所が，被保全債権についての本案事件の帰趨を把握することが必要となる。

本制度の仮差押えについては，被保全債権となり得る債権が多数に上ること，仮差押命令の時点では被保全債権が具体的に特定されていないことからすると，簡易確定手続が開始され，法56条１項の仮差押えをした簡易確定手続申立団体によって債権届出がされた場合，届出債権のうち，当該団体が債務名義を取得した債権の総額が確定するのは，最終的に当該団体が当事者となる対象債権の確定手続が全て終了した時点であり，遅くともその段階においては，配当表を変更した上で他の債権者等への追加配当（民執法92条２項等）を行うことが可能となると考えられる。しかし，これらの手続の終了の事実及び対象債権の確定の結果について，配当に加わった他の債権者が把握するのは困難である。

そこで，本条は，追加配当等の契機を執行裁判所に与えるため（注３），仮差押えをした特定適格消費者団体が当事者となる対象債権の確定手続が全て終了したときは，特定適格消費者団体が，執行裁判所に，それらの手続における対象債権の確定の結果を届け出るよう定めることとした。

3　届出が必要な場合

「民事執行法その他の法令の規定により仮差押債権者の債権に対する配当等の額に相当する金銭が供託されている場合」とは，「仮差押債権者の債権」（民執法91条１項２号等）として（注４），配当等留保供託がされている場合を指すものである。

なお，「その他の法令の規定により」としているのは，振替社債等に関する強制執行（民執規150条の２以下）や電子記録債権に関する強制執行（民執規150条の９以下）において，配当等留保供託に関する民執法の規定を民執規によって準用する場合（民執規150条の８，同150条の15）を含め，執行裁判所が配当等留保供託を行う場合を漏れなく規定する趣旨である。

4　届け出なければならない時期

「当該仮差押えの手続の当事者である特定適格消費者団体を当事者とする簡易確定手続及び異議後の訴訟の手続が全て終了したとき」とは，法56条１項の仮差押えの被保全債権となり得る対象債権について簡易確定手続が開始された後に，仮差押えの手続の当事者である特定適格消費者団体（注５）が簡易確定手続において届け出た対象債権（異議後の訴訟を届出消費者が自ら追行したものを除く。）の全てについて，簡易確定手続及び異議後の訴訟の手続が終了した場合を指す（注６）。

法56条１項の仮差押えの被保全債権は，「仮差押えをした特定適格消費者団体が取得する可能性のある債務名義に係る対象債権」であるので，他の特定適格消費者団体が届け出た対象債権についての確定手続が終了する必要はない。また，異議後の訴訟を届出消費者が追行した場合も，当該届出債権は仮差押えの被保全債権とはならないものと考えられるため，当該異議後の訴訟が終了することは求められない。

5　届け出るべき内容

特定適格消費者団体は，仮差押えをした特定適格消費者団体が簡易確定手続において届け出た対象債権（異議後の訴訟を届出消費者が自ら追行したものを除く。）の全てについて対象債権の確定手続が終了した際には，これらの手続における対象債権の確定の結果を書面で届け出ることが求められる。

この届出を受けて，執行裁判所は，当該特定適格消費者団体が自ら追加配当等を受ける場合には，当該特定適格消費者団体に供託原因が消滅したことの立証を求め，その他の債権者が追加配当等を受ける場合には，必要に応じて，当該債権者に供託原因が消滅したことの立証を求めることになる（注7）。

「対象債権の確定の結果」とは，被保全債権となり得る対象債権について，特定適格消費者団体が追行した簡易確定手続及び異議後の訴訟における対象債権の確定の結果の記載を求めるものであるが，必ずしも，特定適格消費者団体が対象債権の確定手続を追行した全ての債権について，異議後の訴訟の事件番号や判決日といった詳細な記載を求めるものではない。債務名義を取得した対象債権については，当該債権に対する配当等が実施され得るものであり，個別に，事件番号等，当該債権を特定するために必要な事項のほか，確定した債権額を記載することが考えられるが（注8），それ以外の債務名義を取得しなかった債権については，債務名義を取得した債権以外の届出債権は全て棄却されており，被保全債権となり得る未確定の届出債権がない旨（その他に，当該特定適格消費者団体が債務名義を取得し得る対象債権がない旨）について概括的な記載を行うことで足りる（注9）。

（注1）　ここでは，当初の配当表を変更して追加配当を行う場合（民執法92条2項）のみならず，当初の配当表等を変更せず配当等を実施できる場合（同条1項）を含む（注釈民執法〈第4巻〉376頁参照）。

（注2）　仮差押債権者については，本案勝訴の確定判決その他被保全債権についての執行力のある債務名義の正本を得たとき及び本案訴訟において敗訴し，又は仮差押えがその効力を失ったときに供託の事由が消滅するとされる（注解民執法

⑶431頁参照)。

（注３）　配当等留保供託がされた場合において，その供託の事由が消滅したかどうかについて，執行裁判所は職権で調査する義務はなく，供託事由が消滅したことによって追加配当等の実施としての供託金の支払委託を受け得る債権者又は債務者が，執行裁判所に対し，追加配当等の実施を求め（実務上は証明書類が添付された「上申書」等の提出がされている。)，かつ，供託の事由が消滅したことを証明すべきとされている（注釈民執法〈第４巻〉384頁，東京地方裁判所民事執行センター実務研究会「民事執行の実務【第３版】不動産執行編（下)」256頁参照)。全届出債権が確定したことによって，特定適格消費者団体が，更に配当を受けられる場合（最後に追加して債務名義を取得した場合，及び敗訴部分が確定することによって既に配当を受けた有名義の届出債権について，追加配当（民執法92条２項等）を受けられる場合が考えられる。）には，特定適格消費者団体は供託事由が消滅した後に自ら上記の上申書等を提出するものと考えられるが，その場合であっても，その提出は確定後速やかにされることが望ましい。

（注４）　「仮差押えの債権者」(民執法87条１項３号）として配当受領資格を有する債権者であっても，被保全債権に該当する債権について債務名義を既に取得していれば，その部分については，民執法91条１項２号の配当等留保供託は受けない。そのような場合にも，民執法91条２項の不出頭供託は受ける可能性があるが，その場合は本条の対象とはならない。

（注５）　法56条１項の仮差押えの申立てを行った特定適格消費者団体の特定認定が失効し又は取り消され，法87条１項の規定による指定があった場合，「当該仮差押えの手続の当事者である特定適格消費者団体」は，その指定を受けた特定適格消費者団体を指すものとなる。

（注６）　共通義務確認訴訟が行われている途中で法56条１項の申立てに係る仮差押えの被保全債権について配当等留保供託がされた場合において，共通義務確認訴訟における請求を棄却する判決が確定した場合，簡易確定手続は開始されず，上記の仮差押命令は民保法38条の規定により取り消され得るものであるが，このような場合にも，本条の趣旨からすれば，特定適格消費者団体は共通義務確認訴訟の結果を執行裁判所に届け出るのが望ましい。

（注７）　立証の方法としては，これらの債権の確定結果を示す，届出消費者表，簡易確定決定の決定書，異議後の訴訟の判決の判決書等の正本等を提出することが

考えられる。届出債権について，（一部）認容された部分については，その部分について追加配当等を受けようとする特定適格消費者団体がこれらの文書を提出する（既に供託金の一部について支払委託がされている場合には，その際に提出されている。）ものと思われるが，その余の届出債権が棄却されたことについては，必ずしもこれらの文書によらず，事案によっては，本条に基づく届出書の記載によって立証することも考えられる。

（注８）　既に，特定適格消費者団体が支払委託を受けている対象債権については，追加配当等の実施を求める際に執行裁判所に提出した上申書の写しを利用するなどして概括的な記載をすることも考えられる。なお，配当表を変更して追加配当（民執法92条２項等）が行われる場合には，特定適格消費者団体が債務名義を取得した対象債権については，別途，債権計算書（民執規60条）の作成が求められるところである。

（注９）　特定適格消費者団体は，法31条１項又は法53条１項の授権を受けた債権について裁判外の和解（法34条１項，同53条６項）を行うこともあり得るが（このような債権についてされた債権届出については，裁判外の和解の後に，取下げがされることが考えられる。），このように授権を受けて和解をした債権についても，本条の記載の対象となるものである。また，債権届出が取り下げられ，又は却下された債権についても本条の記載の対象となる。もっとも，債務名義を取得しない債権についての対象債権の確定結果については，概括的な記載で足りる。

第５章　補則

（手続の受継の申立ての方式・法第61条）

第43条　民事訴訟規則第51条の規定は，法第61条第１項の規定により手続が中断したときについて準用する。

（手続の中断及び受継）

法第61条　次の各号に掲げる手続の当事者である特定適格消費者団体の第65条第１項に規定する特定認定が，第74条第１項各号に掲げる事由により失効し，又は第86条第１項各号若しくは第２項各号に掲げる事由により取り消されたときは，その手続は，中断する。この場合において，それぞれ当該各号に定める者は，その手続を受け継がなければならない。

一　共通義務確認訴訟の手続，簡易確定手続（次号に掲げる簡易確定手続を除く。）又は仮差押命令に係る仮差押えの手続（仮差押えの執行に係る訴訟手続を含む。）　第87条第１項の規定による指定を受けた特定適格消費者団体

二　簡易確定手続（簡易確定決定があった後の手続に限る。）又は異議後の訴訟の手続　第87条第１項の規定による指定を受けた特定適格消費者団体（第31条第１項又は第53条第１項の授権を得た場合に限る。）又は届出消費者

三　特定適格消費者団体が対象債権に関して取得した債務名義に係る民事執行に係る訴訟手続　第87条第３項の規定による指定を受けた特定適格消費者団体

2　前項の規定は，訴訟代理人がある間は，適用しない。

3　第１項（第１号に係る部分に限る。）の規定は，共通義務確認訴訟又は簡易確定手続（特定適格消費者団体であった法人が債権届出をした場合を除く。）において，他に当事者である特定適格消費者団体がある場合には，適用しない。

（訴訟手続の受継の申立ての方式・法第124条等）

民訴規第51条　訴訟手続の受継の申立ては，書面でしなければならない。

2　前項の書面には，訴訟手続を受け継ぐ者が法第124条（訴訟手続の中断及び受継）第１項各号に定める者であることを明らかにする資料を添付しなければならない。

〔解　説〕

本条は，法61条１項が特定適格消費者団体の特定認定の失効及び取消しの場合に，当該特定適格消費者団体が当事者となる各種手続が中断する旨を定めているのを受けて，この場合に，民訴規51条の規定を準用することを定めるものである（注１）。

民訴規51条の準用により，この場合の受継の申立ては書面で行い，手続を受け継ぐ者として記載した者は，法61条１項各号の受継資格を有する者であることを明らかにする資料を申立書に添付しなければならないこととなる（注２）。

（注１）　法61条１項の中断事由が生じた場合には，いずれも内閣総理大臣（法92条により消費者庁長官にその権限が委任されている。）から裁判所に書面による通知がされることとなり（法74条２項，同86条４項），これによって裁判所は中断事由が生じたことを把握できることとなる。そこで，38条と同様に，本条においても民訴規52条は準用しないこととしている。

（注２）　条解民訴規110頁以下参照

附　則

（施行期日）

第１条　この規則は，法の施行の日から施行する。

〔解　説〕

本条は，本規則の施行期日について定めた規定であり，本規則を法の施行の日から施行することとしたものである。法の施行の日は，公布の日（平成25年12月11日）から施行されている法附則３条，４条及び７条（政府による，各種事項の検討及び国民への周知等についての条文）を除いて，公布の日から起算して３年を超えない範囲内において政令で定める日とされている（法附則１条）。

（民事訴訟費用等に関する規則の一部改正）

第２条　民事訴訟費用等に関する規則（昭和46年最高裁判所規則第５号）の一部を次のように改正する。

別表第二の二の項の次に次のように加える。

二の二	消費者の財産的被害の集団的な回復のための民事の裁判手続の特例に関する法律（平成25年法律第96号）第14条の規定による申立て	千円。ただし，消費者の財産的被害の集団的な回復のための民事の裁判手続の特例に関する法律第30条第２項の債権届出があつた債権の個数が五百を超えるときは，その超える個数五百までごとに，千円を加えた額

別表第二の三の項中「並びに」を「及び」に，「及び二の項」を「から二の二の項まで」に改める。

〔解　説〕

本条は，民訴費用規を一部改正する規定である。

民訴費用法２条６号の書類の作成及び提出の費用の額については，民訴費用規２条の２及び別表第２において定められているところ，法において簡易確定手続開始の申立てが新設されたことに伴い，簡易確定手続開始の申立てに係る事件における書類の作成及び提出の費用の額を定めるため，別表第２に２の項の２を新設し，３の項においてもそれに伴う形式的な改正をすることとしたものである。

具体的には，簡易確定手続開始の申立てに係る事件の書類の作成及び提出の費用の額について，同事件の規模に応じた額とするため，届出債権の個数が500を超えない場合を別表第２の３の項と同じく1000円とした上で，届出債権の個数が500を超えるときは，その超える個数500までごとにそれぞれ1000円を加算することとしている（注１）（注２）。

（注１）　届出債権の個数が500を超えるごとの加算としたのは，事件の規模に応じて，見込まれる対象消費者の数が500人に達するごとに管轄の特則（法６条３項及び４項。法12条において共通義務確認訴訟の審理を最終的に行った地方裁判所が簡易確定手続の管轄裁判所とされているため，簡易確定手続の管轄にも影響する。）が設けられていることを参考としたものである。

（注２）　いわゆる「附随事件」に当たる債権届出に関する書類の作成及び提出の費用については，個別に規定を置かず，いわゆる「基本事件」となる簡易確定手続開始の申立てに係る事件についての書類の作成及び提出の費用（届出債権の個数に応じて加算されるものである。）の中で評価することとしている（民事訴訟費用等に関する執務資料（全訂版）22頁参照）。

第三条第二項中「した者」の下に「（第三号に掲げる場合において消費者の財産的被害の集団的な回復のための民事の裁判手続の特例に関する法律（平成二十五年法律第九十六号）第四十六条第二項の規定により届出消費者が異議の申立てをしたときは、その届出消費者）」を加え、同項に次の一号を加える。

三　消費者の財産的被害の集団的な回復のための民事の裁判手続の特例に関する法律第五十二条第一項の規定により債権届出の時に訴えの提起があつたものとみなされたとき。

別表第一の一六の項イ中「その他」を「、消費者の財産的被害の集団的な回復のための民事の裁判手続の特例に関する法律第十四条の規定による申立てその他」に改め、同項の次に次のように加える。

一六の二	消費者の財産的被害の集団的な回復のための民事の裁判手続の特例に関する法律第三十条第二項の債権届出	一個の債権につき千円

（略）

別表第二の二の項の次に次のように加える。

二の二	消費者の財産的被害の集団的な回復のための民事の裁判手続の特例に関する法律（平成二十五年法律第九十六号）第十四条の規定による申立て	千円。ただし、消費者の財産的被害の集団的な回復のための民事の裁判手続の特例に関する法律第三十条第二項の債権届出があつた債権の個数が五百を超えるときは、その超える個数五百までごとに、千円を加えた額

別表第二の三の項中「並びに」を「及び」に、「及び二の項」を「から二の二の項まで」に改める。

第六十四条　この章に定めるもののほか、被害回復裁判手続に関し必要な事項は、最高裁判所規則で定める。

（略）

附　則

（施行期日）

第一条　この法律は、公布の日から起算して三年を超えない範囲内において政令で定める日から施行する。ただし、附則第三条、第四条及び第七条の規定は、公布の日から施行する。

（経過措置）

第二条　この法律は、この法律の施行前に締結された消費者契約に関する請求（第三条第一項第五号に掲げる請求については、この法律の施行前に行われた加害行為に係る請求）に係る金銭の支払義務には、適用しない。

（略）

（民事訴訟費用等に関する法律の一部改正）

第九条　民事訴訟費用等に関する法律（昭和四十六年法律第四十号）の一部を次のように改正する。

附　則

（施行期日）

第一条　この規則は、法の施行の日から施行する。

（民事訴訟費用等に関する規則の一部改正）

第二条　民事訴訟費用等に関する規則（昭和四十六年最高裁判所規則第五号）の一部を次のように改正する。

義務確認訴訟の当事者である事業者と対象消費者との間に他の訴訟が係属し、かつ、当該他の訴訟が当該共通義務確認訴訟の目的である請求又は防御の方法と関連する請求に係るものであるときは、当該他の訴訟の受訴裁判所は、当事者の意見を聴いて、決定で、その訴訟手続の中止を命ずることができる。

2　前項の受訴裁判所は、同項の決定を取り消すことができる。

（共通義務確認訴訟の判決が再審により取り消された場合の取扱い）

第六十三条　簡易確定手続開始決定の前提となった共通義務確認訴訟の判決が再審により取り消された場合には、簡易確定手続が係属する裁判所は、決定で、債権届出（当該簡易確定手続開始決定の前提となった共通義務確認訴訟の判決が取り消されたことによってその前提を欠くこととなる部分に限る。）を却下しなければならない。

2　前項の決定に対しては、即時抗告をすることができる。

3　第一項の場合には、第五十二条第一項の規定により訴えの提起があったものとみなされる事件が係属する裁判所は、判決で、当該訴え（当該簡易確定手続開始決定の前提となった共通義務確認訴訟の判決が取り消されたことによってその前提を欠くこととなる部分に限る。）を却下しなければならない。

（最高裁判所規則）

項各号に掲げる事由により失効し、又は第八十六条第一項各号若しくは第二項各号に掲げる事由により取り消されたときは、その手続は、中断する。この場合において、それぞれ当該各号に定める者は、その手続を受け継がなければならない。

一　共通義務確認訴訟の手続、簡易確定手続（次号に掲げる簡易確定手続を除く。）又は仮差押命令に係る仮差押えの手続（仮差押えの執行に係る訴訟手続を含む。）　第八十七条第一項の規定による指定を受けた特定適格消費者団体

二　簡易確定手続（簡易確定決定があった後の手続に限る。）又は異議後の訴訟の手続　第八十七条第一項の規定による指定を受けた特定適格消費者団体（第三十一条第一項又は第五十三条第一項の授権を得た場合に限る。）又は届出消費者

三　特定適格消費者団体が対象債権に関して取得した債務名義に係る民事執行に係る訴訟手続　第八十七条第三項の規定による指定を受けた特定適格消費者団体

2　前項の規定は、訴訟代理人がある間は、適用しない。

3　第一項（第一号に係る部分に限る。）の規定は、共通義務確認訴訟又は簡易確定手続（特定適格消費者団体であった法人が債権届出をした場合を除く。）において、他に当事者である特定適格消費者団体がある場合には、適用しない。

（関連する請求に係る訴訟手続の中止）

第六十二条　共通義務確認訴訟が係属する場合において、当該共通

判所（当該共通義務確認訴訟が控訴審に係属するときは、控訴裁判所）を本案の裁判所とみなす。

（仮差押えをした特定適格消費者団体の義務）

第五十九条　特定適格消費者団体は、仮差押命令に係る仮差押えの執行がされている財産について強制執行の申立てをし、又は当該財産について強制執行若しくは担保権の実行の手続がされている場合において配当要求をするときは、当該特定適格消費者団体が取得した債務名義及び取得することとなる債務名義に係る届出債権を平等に取り扱わなければならない。

第四節　補則

（訴訟代理権の不消滅）

第六十条　訴訟代理権は、被害回復裁判手続の当事者である特定適格消費者団体の第六十五条第一項に規定する特定認定が、第七十四条第一項各号に掲げる事由により失効し、又は第八十六条第一項各号若しくは第二項各号に掲げる事由により取り消されたことによっては、消滅しない。

（手続の中断及び受継）

第六十一条　次の各号に掲げる手続の当事者である特定適格消費者団体の第六十五条第一項に規定する特定認定が、第七十四条第一項

第五章　補則

（手続の受継の申立ての方式・法第六十一条）

第四十三条　民事訴訟規則第五十一条の規定は、法第六十一条第一項の規定により手続が中断したときについて準用する。

（管轄）

第五十七条　前条第一項の申立てに関する民事保全法第十一条の規定の適用については、共通義務確認の訴えを本案の訴えとみなす。

2　民事保全法第十二条第一項及び第三項の規定の適用については、共通義務確認訴訟の管轄裁判所を本案の管轄裁判所とみなす。

（保全取消しに関する本案の特例）

第五十八条　第五十六条第一項の申立てに係る仮差押命令（以下単に「仮差押命令」という。）に関する民事保全法第三十七条第一項、第三項及び第四項の規定の適用については、当該申立てに係る仮差押えの手続の当事者である特定適格消費者団体がした共通義務確認の訴えの提起を本案の訴えの提起とみなす。

2　前項の共通義務確認の訴えに係る請求を認容する判決が確定したとき又は請求の認諾（第二条第四号に規定する義務が存することを認める旨の和解を含む。）によって同項の共通義務確認の訴えに係る訴訟が終了したときは、同項の特定適格消費者団体が簡易確定手続開始の申立てをすることができる期間及び当該特定適格消費者団体を当事者とする簡易確定手続又は異議後の訴訟が係属している間は、民事保全法第三十七条第一項及び第三項の規定の適用については、本案の訴えが係属しているものとみなす。

3　民事保全法第三十八条及び第四十条の規定の適用については、第五十六条第一項の申立てに係る仮差押えの手続の当事者である特定適格消費者団体が提起した共通義務確認訴訟に係る第一審裁九号ロに規定する民事執行の手続により弁済を受け、又は配当等（民事執行法（昭和五十四年法律第四号）第八十四条第三項に規定する配当等をいう。以下この条及び次条において同じ。）を受けたときは、速やかに、次に掲げる事項を債務者に書面で通知しなければならない。

一　民事執行の事件の表示

二　執行裁判所の表示

三　債務名義の表示

四　弁済を受け、又は配当等を受けた額及び年月日

五　対象債権の額（利息その他の附帯の債権の額を含む。）

六　前号の額のうち弁済又は配当等により消滅した部分の額

（配当等の額の供託がされている場合における対象債権の確定の結果の届出）

第四十二条　法第五十六条第一項の申立てに係る仮差押えについて民事執行法その他の法令の規定により仮差押債権者の債権に対する配当等の額に相当する金銭が供託されている場合において、当該仮差押えの手続の当事者である特定適格消費者団体を当事者とする簡易確定手続及び異議後の訴訟の手続が全て終了したときは、当該特定適格消費者団体は、速やかにこれらの手続における対象債権の確定の結果を執行裁判所に書面で届け出なければならない。

る可能性のある債務名義に係る対象債権の総額を明らかにすれば足りる。

4　特定適格消費者団体は、対象債権について、第一項の規定によるもののほか、保全命令の申立てをすることができない。

三　手続の当事者である特定適格消費者団体
四　保全すべき権利
五　仮に差し押さえるべき物

（強制執行の申立書等の記載事項等）

第四十条　特定適格消費者団体が法第五十六条第一項の申立てに係る仮差押え（当該特定適格消費者団体を手続の当事者とするものに限る。）の執行がされている財産について強制執行の申立てをするときは、当該強制執行の申立書には、次に掲げる事項を記載しなければならない。

一　当該仮差押えの執行に係る仮差押命令を発した裁判所及び当該仮差押命令の事件の表示
二　当該強制執行の申立てが当該仮差押えにより保全される債権に基づくものであるときは、その旨

2　前項第二号に規定する場合には、同項の強制執行の申立書には、同項第一号の仮差押命令の決定書の写しを添付しなければならない。

3　前二項の規定は、特定適格消費者団体が第一項の財産について強制執行又は担保権の実行の手続がされている場合において配当要求をするときについて準用する。

（対象債権について配当等を受けた場合等の通知）

第四十一条　特定適格消費者団体は、対象債権について法第二条第

ついて第五十二条第一項の規定により訴えの提起があったものとみなされた場合において、当該訴えについてすべき判決が届出債権支払命令と符合するときは、その判決において、届出債権支払命令を認可しなければならない。ただし、届出債権支払命令の手続が法律に違反したものであるときは、この限りでない。

2　前項の規定により届出債権支払命令を認可する場合を除き、仮執行の宣言を付した届出債権支払命令に係る請求について第五十二条第一項の規定により訴えの提起があったものとみなされた場合における当該訴えについてすべき判決においては、届出債権支払命令を取り消さなければならない。

第三節　特定適格消費者団体のする仮差押え

（特定適格消費者団体のする仮差押え）

第五十六条　特定適格消費者団体は、当該特定適格消費者団体が取得する可能性のある債務名義に係る対象債権の実現を保全するため、民事保全法の規定により、仮差押命令の申立てをすることができる。

2　特定適格消費者団体は、保全すべき権利に係る金銭の支払義務について共通義務確認の訴えを提起することができる場合に限り、前項の申立てをすることができる。

3　第一項の申立てにおいては、保全すべき権利について、対象債権及び対象消費者の範囲並びに当該特定適格消費者団体が取得す

第四章　特定適格消費者団体のする仮差押え等

（仮差押命令の申立書の記載事項・法第五十六条）

第三十九条　法第五十六条第一項の申立てをするに当たり、同項の規定による他の申立てであって、対象債権及び対象消費者の範囲の全部又は一部並びに共通義務確認の訴えの被告とされる事業者が同一であるものが既にされているとき（当該他の申立てが取り下げられ若しくは却下されたとき、又は当該他の申立てに係る仮差押命令が取り消されたときを除く。）は、申立書には、当該他の申立てに係る次に掲げる事項を記載しなければならない。

一　事件の表示

二　裁判所の表示

除いては、訴訟授権契約を解除してはならない。
6　第一項の授権を得た債権届出団体は、当該授権をした届出消費者のために、公平かつ誠実に異議後の訴訟の追行及び第二条第九号ロに規定する民事執行の手続の追行（当該授権に係る債権に係る裁判外の和解を含む。）並びにこれらに伴い取得した金銭その他の財産の管理をしなければならない。
7　第一項の授権を得た債権届出団体は、当該授権をした届出消費者に対し、善良な管理者の注意をもって前項に規定する行為をしなければならない。
8　第三十一条第三項から第五項まで及び第三十二条の規定は、第一項の授権について準用する。
9　民事訴訟法第五十八条第二項並びに第百二十四条第一項（第六号に係る部分に限る。）及び第二項の規定は、異議後の訴訟において債権届出団体が第一項の授権を欠くときについて準用する。

（訴えの変更の制限等）

第五十四条　異議後の訴訟においては、原告は、訴えの変更（届出消費者又は請求額の変更を内容とするものを除く。）をすることができない。
2　異議後の訴訟においては、反訴を提起することができない。

（異議後の判決）

第五十五条　仮執行の宣言を付した届出債権支払命令に係る請求に

の規定による送達を訴状の送達とみなす。

2　前項の規定により訴えの提起があったものとみなされる事件は、同項の地方裁判所の管轄に専属する。

3　前項の事件が係属する地方裁判所は、著しい損害又は遅滞を避けるため必要があると認めるときは、同項の規定にかかわらず、申立てにより又は職権で、その事件に係る訴訟を民事訴訟法第四条第一項又は第五条第一号、第五号若しくは第九号の規定により管轄権を有する地方裁判所に移送することができる。

（異議後の訴訟についての届出消費者の授権）

第五十三条　債権届出団体は、異議後の訴訟を追行するには、届出消費者の授権がなければならない。

2　届出消費者は、その届出債権に係る債権届出団体に限り、前項の授権をすることができる。

3　届出消費者が第八項において準用する第三十一条第三項の規定により第一項の授権を取り消し、又は自ら異議後の訴訟を追行したときは、当該届出消費者は、更に債権届出団体に同項の授権をすることができない。

4　債権届出団体は、正当な理由があるときを除いては、訴訟授権契約（届出消費者が第一項の授権をし、債権届出団体が異議後の訴訟を追行することを約する契約をいう。以下同じ。）の締結を拒絶してはならない。

5　第一項の授権を得た債権届出団体は、正当な理由があるときを

（裁量移送における取扱い・法第五十二条）

第三十六条　法第五十二条第三項の申立てがあったときは、地方裁判所は、相手方の意見を聴いて決定をするものとする。

2　地方裁判所は、職権により法第五十二条第三項の規定による移送の決定をするときは、当事者の意見を聴くことができる。

（異議後の訴訟についての授権の証明等・法第五十三条）

第三十七条　法第五十三条第一項の授権は、書面で証明しなければならない。

2　法第五十三条第一項の授権の取消しの通知をした者は、その旨を裁判所に書面で届け出なければならない。

3　債権届出団体は、訴訟授権契約を解除したときは、その旨を裁判所に書面で届け出なければならない。

（訴訟手続の受継の申立ての方式・法第五十三条）

第三十八条　民事訴訟規則第五十一条の規定は、異議後の訴訟において債権届出団体が法第五十三条第一項の授権を欠くときについて準用する。

び第二百六十六条を除く。）、第三編第三章、第四編並びに第八編（第四百三条第一項第二号及び第四号から第六号までを除く。）の規定を準用する。

（送達の特例）

第五十一条　前条において準用する民事訴訟法第百四条第一項前段の規定による届出がない場合には、送達は、次の各号に掲げる区分に応じ、それぞれ当該各号に定める場所においてする。

一　共通義務確認訴訟において民事訴訟法第百四条第一項前段の規定による届出があった場合　当該届出に係る場所

二　共通義務確認訴訟において民事訴訟法第百四条第一項前段の規定による届出がなかった場合　当該共通義務確認訴訟における同条第三項に規定する場所

第二款　異議後の訴訟に係る民事訴訟手続の特例

（訴え提起の擬制等）

第五十二条　簡易確定決定に対し適法な異議の申立てがあったときは、債権届出に係る請求については、当該債権届出の時に、当該債権届出に係る債権届出団体（当該債権届出に係る届出消費者が当該異議の申立てをしたときは、その届出消費者）を原告として、当該簡易確定決定をした地方裁判所に訴えの提起があったものとみなす。この場合においては、届出書を訴状と、第三十五条

第二節　異議後の訴訟に係る民事訴訟手続の特例

2　前項の決定に対しては、即時抗告をすることができる。

3　民事訴訟法第一編第四章第一節（第六十五条、第六十六条、第六十七条第二項及び第七十三条を除く。）の規定は、個別費用の負担について準用する。

第六目　補則

（民事訴訟法の準用）

第五十条　特別の定めがある場合を除き、簡易確定手続については、その性質に反しない限り、民事訴訟法第二条、第十四条、第十六条、第二十一条、第二十二条、第一編第二章第三節、第三章（第三十条、第四十条から第四十九条まで、第五十二条及び第五十三条を除く。）、第五章（第八十七条、第二節、第百十六条及び第百十八条を除く。）及び第七章、第二編第一章（第百三十三条、第百三十四条、第百三十七条第二項及び第三項、第百三十八条第一項、第百三十九条、第百四十条並びに第百四十三条から第百四十六条までを除く。）、第三章（第百五十六条の二、第百五十七条の二、第百五十八条、第百五十九条第三項、第百六十一条第三項及び第三節を除く。）、第四章（第七節を除く。）、第五章（第二百四十五条、第二百四十九条から第二百五十二条まで、第二百五十三条第二項、第二百五十四条、第二百五十五条、第二百五十八条第二項から第四項まで並びに第二百五十九条第一項及び第二項を除く。）及び第六章（第二百六十一条から第二百六十三条まで及

第六款　補則

（民事訴訟規則の準用・法第五十条）

第三十五条　特別の定めがある場合を除き、簡易確定手続については、その性質に反しない限り、民事訴訟規則第一編第一章、第二章（第六条、第六条の二及び第八条を除く。）、第三章（第二節、第二十条第一項及び第二項並びに第二十二条を除く。）及び第五章（第二節及び第四十八条を除く。）、第二編第二章（第六十条、第六十四条、第八十条、第八十一条、第三節及び第九十五条第三項を除く。）及び第三章（第百一条及び第七節を除く。）、第百五十七条第二項、第百六十条、同編第五章（第百六十二条を除く。）、第三編第三章、第四編並びに第八編の規定を準用する。

（個別費用を除く簡易確定手続の費用の負担）

第四十八条　簡易確定手続の費用（債権届出の手数料及び簡易確定手続における届出債権に係る申立ての手数料（次条第一項及び第三項において「個別費用」と総称する。）を除く。以下この条において同じ。）は、各自が負担する。

2　前項の規定にかかわらず、裁判所は、事情により、同項の規定によれば当事者がそれぞれ負担すべき費用の全部又は一部を、その負担すべき者以外の当事者に負担させることができる。

3　裁判所は、簡易確定手続に係る事件が終了した場合において、必要があると認めるときは、申立てにより又は職権で、簡易確定手続の費用の負担を命ずる決定をすることができる。

4　前項の決定に対しては、即時抗告をすることができる。

5　民事訴訟法第六十九条から第七十二条まで及び第七十四条の規定は、簡易確定手続の費用の負担について準用する。

（個別費用の負担）

第四十九条　裁判所は、届出債権について簡易確定手続に係る事件が終了した場合（第五十二条第一項の規定により訴えの提起があったものとみなされた場合には、異議後の訴訟が終了した場合）において、必要があると認めるときは、申立てにより又は職権で、当該事件に関する個別費用の負担を命ずる決定をすることができる。

（簡易確定手続の費用及び個別費用の負担・法第四十八条等）

第三十四条　民事訴訟規則第一編第四章第一節の規定は、簡易確定手続の費用及び個別費用の負担について準用する。

で、これを却下しなければならない。

4　前項の決定に対しては、即時抗告をすることができる。

5　適法な異議の申立てがあったときは、簡易確定決定は、仮執行の宣言を付したものを除き、その効力を失う。

6　適法な異議の申立てがないときは、簡易確定決定は、確定判決と同一の効力を有する。

7　民事訴訟法第三百五十八条及び第三百六十条の規定は、第一項及び第二項の異議について準用する。

（認否を争う旨の申出がないときの届出債権の確定等）

第四十七条　適法な認否を争う旨の申出がないときは、届出債権の内容は、届出債権の認否の内容により確定する。

2　前項の規定により確定した届出債権については、届出消費者表の記載は、確定判決と同一の効力を有する。この場合において、債権届出団体は、確定した届出債権について、相手方に対し、届出消費者表の記載により強制執行をすることができる。

第五目　費用の負担

3　裁判所は、前項の写しを同項の当事者に送付しなければならない。

4　民事訴訟法第百六十一条第二項に掲げる事項を記載した異議の申立書は、準備書面を兼ねるものとする。

（異議申立権の放棄及び異議の取下げ・法第四十六条）

第三十三条　異議を申し立てる権利の放棄は、裁判所に対する申述によってしなければならない。

2　前項の申述は、書面でしなければならない。

3　第一項の申述があったときは、裁判所書記官は、その旨を当事者（同項の申述をした者を除く。）に通知しなければならない。

4　民事訴訟規則第百六十二条第一項の規定は、異議の取下げの書面の送達について準用する。

第五款　費用の負担

は職権で、担保を立てて、又は立てないで仮執行をすることができることを宣言することができる。

5　第三項の決定書は、当事者に送達しなければならない。この場合においては、簡易確定決定の効力は、当事者に送達された時に生ずる。

（証拠調べの制限）

第四十五条　簡易確定決定のための審理においては、証拠調べは、書証に限りすることができる。

2　文書の提出又は対照の用に供すべき筆跡若しくは印影を備える物件の提出の命令は、することができない。

3　前二項の規定は、裁判所が職権で調査すべき事項には、適用しない。

（異議の申立て等）

第四十六条　当事者は、簡易確定決定に対し、第四十四条第五項の規定による送達を受けた日から一月の不変期間内に、当該簡易確定決定をした裁判所に異議の申立てをすることができる。

2　届出消費者は、簡易確定決定に対し、債権届出団体が第四十四条第五項の規定による送達を受けた日から一月の不変期間内に、当該簡易確定決定をした裁判所に異議の申立てをすることができる。

3　裁判所は、異議の申立てが不適法であると認めるときは、決定

（異議の申立書の記載事項等・法第四十六条）

第三十二条　届出消費者が異議の申立てをするときは、異議の申立書には、次に掲げる事項を記載しなければならない。

一　異議の申立てをする者の代理人（法定代理人を除く。）の氏名及び住所

二　異議の申立てをする者又は代理人の郵便番号及び電話番号（ファクシミリの番号を含む。）

2　異議の申立書には、当事者（異議の申立てをする者を除く。）の数と同数の写しを添付しなければならない。

の申出（以下単に「認否を争う旨の申出」という。）をすることができる。

2　裁判所は、認否を争う旨の申出が不適法であると認めるときは、決定で、これを却下しなければならない。

3　前項の決定に対しては、即時抗告をすることができる。

4　裁判所書記官は、認否を争う旨の申出の有無を届出消費者表に記載しなければならない。

（簡易確定決定）

第四十四条　裁判所は、適法な認否を争う旨の申出があったときは、第三十六条第一項又は第六十三条第一項の規定により債権届出を却下する場合を除き、簡易確定決定をしなければならない。

2　裁判所は、簡易確定決定をする場合には、当事者双方を審尋しなければならない。

3　簡易確定決定は、主文及び理由の要旨を記載した決定書を作成してしなければならない。

4　届出債権の支払を命ずる簡易確定決定（第五十五条及び第八十三条第一項第二号において「届出債権支払命令」という。）については、裁判所は、必要があると認めるときは、申立てにより又

に関する証拠書類の送付を求めることができる。

（認否を争う旨の申出の方式等・法第四十三条）

第三十条　認否を争う旨の申出の書面には、できる限り、予想される争点及び当該争点に関連する重要な事実を記載し、かつ、予想される争点ごとに証拠を記載しなければならない。

2　前項の書面には、できる限り、予想される争点につき、証拠となるべき文書の写し（次項において「書証の写し」という。）を添付しなければならない。

3　債権届出団体が認否を争う旨の申出をするときは、第一項の書面及び書証の写しについて直送をしなければならない。

（簡易確定決定の決定書の送達・法第四十四条）

第三十一条　簡易確定決定の決定書の送達は、その正本によってする。

第四十二条　相手方は、届出期間内に債権届出があった届出債権の内容について、認否期間内に、認否をしなければならない。

２　認否期間内に前項の認否（以下「届出債権の認否」という。）がないときは、相手方において、届出期間内に債権届出があった届出債権の内容の全部を認めたものとみなす。

３　相手方が、認否期間内に届出債権の内容の全部を認めたときは、当該届出債権の内容は、確定する。

４　裁判所書記官は、届出債権の認否の内容を届出消費者表に記載しなければならない。

５　第三項の規定により確定した届出債権については、届出消費者表の記載は、確定判決と同一の効力を有する。この場合において、債権届出団体は、確定した届出債権について、相手方に対し、届出消費者表の記載により強制執行をすることができる。

（認否を争う旨の申出）

第四十三条　債権届出団体は、前条第三項の規定により届出債権の内容が確定したときを除き、届出債権の認否に対し、認否期間の末日から一月の不変期間内に、裁判所に届出債権の認否を争う旨

第二十六条　相手方は、届出債権の認否のため必要があるときは、債権届出団体に対し、当該届出債権に関する証拠書類の送付を求めることができる。

（認否の方式等・法第四十二条）

第二十七条　届出債権の認否は、書面でしなければならない。

２　相手方は、届出債権の内容の全部又は一部を認めないときは、前項の書面（次項において「認否書」という。）に、その理由を記載しなければならない。

３　相手方は、認否書について直送をしなければならない。

（認否の内容を記載した一覧表）

第二十八条　裁判所は、必要があると認めるときは、相手方に対し、届出債権の認否の内容を記載した一覧表の提出を求めることができる。

（認否を争う旨の申出の判断のための証拠書類の送付・法第四十三条）

第二十九条　債権届出団体は、認否を争う旨の申出をするかどうかを判断するため必要があるときは、相手方に対し、当該届出債権

2　民事訴訟法第二百六十一条第三項及び第二百六十二条第一項の規定は、前項の規定による債権届出の取下げについて準用する。

（届出消費者表の作成等）

第四十一条　裁判所書記官は、届出債権について、届出消費者表を作成しなければならない。

2　前項の届出消費者表には、各届出債権について、その内容その他最高裁判所規則で定める事項を記載しなければならない。

3　届出消費者表の記載に誤りがあるときは、裁判所書記官は、申立てにより又は職権で、いつでもその記載を更正する処分をすることができる。

（届出債権の認否）

る。

（届出消費者表の記載事項・法第四十一条）

第二十五条　法第四十一条第二項の最高裁判所規則で定める事項は、次に掲げるものとする。

一　届出消費者の氏名及び住所

二　債権届出団体の名称及び住所

三　相手方の氏名又は名称及び住所

四　届出債権の原因

五　法第三十六条第一項若しくは第六十三条第一項の規定により債権届出が却下されたとき又は法第四十条第一項の規定による債権届出の取下げがあったとき（法第三十一条第六項又は第八項の規定により債権届出の取下げがあったものとみなされたときを含む。）は、その旨

六　法第四十二条第二項の規定により届出債権の内容の全部を認めたものとみなされたときは、その旨

七　法第四十三条第二項の規定により認否を争う旨の申出が却下されたときは、その旨

（認否のための証拠書類の送付・法第四十二条）

（簡易確定手続における和解）

第三十七条　債権届出団体は、簡易確定手続において、届出債権について、和解をすることができる。

（時効の中断）

第三十八条　債権届出があったときは、時効の中断に関しては、簡易確定手続の前提となる共通義務確認の訴えを提起した時に、裁判上の請求があったものとみなす。

（債権届出の内容の変更の制限）

第三十九条　債権届出団体は、届出期間内に限り、当該債権届出の内容を変更することができる。

（債権届出の取下げ）

第四十条　債権届出は、簡易確定決定に対し適法な異議の申立てがあるまで、その全部又は一部を取り下げることができる。ただし、簡易確定決定があった後にあっては、相手方の同意を得なければ、その効力を生じない。

（届出債権を記載した一覧表）

第二十三条　裁判所は、必要があると認めるときは、債権届出団体に対し、その届出に係る届出債権について第十八条に規定する事項を記載した一覧表の提出を求めることができる。

（債権届出の取下げがあった場合の取扱い・法第四十条等）

第二十四条　債権届出の取下げがあったときは、裁判所書記官は、その旨を相手方に通知しなければならない。

2　前項の規定は、法第三十一条第六項又は第八項の規定により債権届出の取下げがあったものとみなされた場合について準用す

（公平誠実義務等）

第三十四条　第三十一条第一項の授権を得た簡易確定手続申立団体は、当該授権をした対象消費者のために、公平かつ誠実に債権届出、簡易確定手続の追行及び第二条第九号ロに規定する民事執行の手続の追行（当該授権に係る債権に係る裁判外の和解を含む。）並びにこれらに伴い取得した金銭その他の財産の管理をしなければならない。

2　第三十一条第一項の授権を得た簡易確定手続申立団体は、当該授権をした対象消費者に対し、善良な管理者の注意をもって前項に規定する行為をしなければならない。

（届出書の送達）

第三十五条　裁判所は、第三十条第二項の規定による届出書の提出を受けたときは、次条第一項又は第六十三条第一項の規定により債権届出を却下する場合を除き、遅滞なく、当該届出書を相手方に送達しなければならない。

（不適法な債権届出の却下）

第三十六条　裁判所は、債権届出が不適法であると認めるとき、又は届出書の送達に必要な費用の予納がないときは、決定で、当該債権届出を却下しなければならない。

2　前項の決定に対しては、即時抗告をすることができる。

（届出書の送達・法第三十五条）

第二十二条　届出書の送達は、債権届出団体から提出された副本によってする。

は、その届出債権については、債権届出の取下げがあったものとみなす。

9　簡易確定決定があった後に、届出消費者が第三項の規定により第一項の授権を取り消したときは、当該届出消費者は、更に簡易確定手続申立団体に同項の授権をすることができない。

（説明義務）

第三十二条　簡易確定手続申立団体は、前条第一項の授権に先立ち、当該授権をしようとする者に対し、内閣府令で定めるところにより、被害回復裁判手続の概要及び事案の内容その他内閣府令で定める事項について、これを記載した書面を交付し、又はこれを記録した電磁的記録を提供して説明をしなければならない。

（簡易確定手続授権契約の締結及び解除）

第三十三条　簡易確定手続申立団体は、やむを得ない理由があるときを除いては、簡易確定手続授権契約（対象消費者が第三十一条第一項の授権をし、簡易確定手続申立団体が対象債権について債権届出をすること及び簡易確定手続を追行することを約する契約をいう。以下同じ。）の締結を拒絶してはならない。

2　第三十一条第一項の授権を得た簡易確定手続申立団体は、やむを得ない理由があるときを除いては、簡易確定手続授権契約を解除してはならない。

（簡易確定手続授権契約の解除の届出・法第三十三条）

第二十一条　簡易確定手続申立団体は、簡易確定手続授権契約を解除したときは、その旨を裁判所に届け出なければならない。

易確定手続申立団体を限り、同項の授権をすることができる。

3　第一項の授権をした対象消費者は、当該授権を取り消すことができる。

4　前項の規定による第一項の授権の取消しは、当該授権をした対象消費者又は当該授権を得た簡易確定手続申立団体から相手方に通知しなければ、その効力を生じない。

5　第一項の授権を得た簡易確定手続申立団体の第六十五条第一項に規定する特定認定が、第七十四条第一項各号に掲げる事由により失効し、又は第八十六条第一項各号若しくは第二項各号に掲げる事由により取り消されたときは、当該授権は、その効力を失う。

6　簡易確定決定があるまでに簡易確定手続申立団体が届出債権について第一項の授権を欠いたとき（前項の規定により当該授権がその効力を失ったときを除く。）は、当該届出債権については、債権届出の取下げがあったものとみなす。

7　債権届出に係る簡易確定手続申立団体（以下「債権届出団体」という。）の第六十五条第一項に規定する特定認定が、簡易確定決定があるまでに、第七十四条第一項各号に掲げる事由により失効し、又は第八十六条第一項各号若しくは第二項各号に掲げる事由により取り消されたときは、届出消費者は、第二項の規定にかかわらず、第八十七条第六項の規定による公示がされた後一月の不変期間内に、同条第一項の規定による指定を受けた特定適格消費者団体に第一項の授権をすることができる。

8　前項の届出消費者が同項の期間内に第一項の授権をしないとき

権をしようとする対象消費者に対し、他の簡易確定手続申立団体に対する同項の授権の有無を確認しなければならない。

3　法第三十一条第一項の授権の取消しの通知をした者は、その旨を裁判所に届け出なければならない。

定にかかわらず、当該対象債権については、債権届出をすることができない。

（簡易確定手続についての対象消費者の授権）

第三十一条　簡易確定手続申立団体は、対象債権について債権届出をし、及び当該対象債権について簡易確定手続を追行するには、当該対象債権に係る対象消費者の授権がなければならない。

2　前項の対象消費者は、簡易確定手続申立団体のうちから一の簡

（数個の請求に係る義務について簡易確定手続開始決定がされた場合の債権届出）

第十九条　一の共通義務確認の訴えで同一の事業者に対して請求の基礎となる消費者契約及び財産的被害を同じくする数個の請求がされた場合において、そのうち二以上の請求に係る法第二条第四号に規定する義務について簡易確定手続開始決定がされたときは、簡易確定手続申立団体は、一の対象消費者の一の財産的被害については、できる限り、当該二以上の請求に係る法第二条第四号に規定する義務に係る対象債権のうちから一の対象債権を限り、債権届出をしなければならない。

2　前項に規定する場合において、簡易確定手続申立団体が一の対象消費者の一の財産的被害について数個の対象債権の債権届出をするときは、各債権届出は、順位を付して、又は選択的なものとしてしなければならない。

（簡易確定手続についての授権の証明等・法第三十一条）

第二十条　法第三十一条第一項の授権は、書面で証明しなければならない。

2　簡易確定手続申立団体が二以上あるときは、簡易確定手続申立団体は、法第三十一条第一項の授権を得るに当たっては、当該授

（債権届出）

第三十条　簡易確定手続開始決定に係る対象債権については、簡易確定手続申立団体に限り、届け出ることができる。

2　前項の規定による届出（以下「債権届出」という。）は、届出期間内に、次に掲げる事項を記載した書面（以下この節において「届出書」という。）を簡易確定手続開始決定をした裁判所に提出してしなければならない。

一　対象債権について債権届出をする簡易確定手続申立団体、相手方及び届出消費者（対象債権として裁判所に債権届出があった債権（以下「届出債権」という。）の債権者である消費者をいう。以下同じ。）並びにこれらの法定代理人

二　請求の趣旨及び原因（請求の原因については、共通義務確認訴訟において認められた義務に係る事実上及び法律上の原因を前提とするものに限る。）

三　前二号に掲げるもののほか、最高裁判所規則で定める事項

3　簡易確定手続申立団体は、債権届出の時に対象消費者が事業者に対して対象債権に基づく訴えを提起するとすれば民事訴訟法第一編第二章第一節の規定により日本の裁判所が管轄権を有しないときは、第一項の規定にかかわらず、当該対象債権については、債権届出をすることができない。

4　簡易確定手続申立団体は、対象消費者が提起したその有する対象債権に基づく訴訟が裁判所に係属しているときは、第一項の規

（届出書の記載事項・法第三十条）

第十八条　届出書に法第三十条第二項第一号に掲げる事項を記載するには、次に掲げる事項を明らかにして記載しなければならない。

一　債権届出をする簡易確定手続申立団体の名称及び住所並びに代表者の氏名

二　相手方の氏名又は名称及び住所並びに法定代理人の氏名及び住所

三　届出消費者の氏名及び住所並びに法定代理人の氏名及び住所

2　届出書には、請求の趣旨並びに請求を特定するのに必要な事実並びに当該請求が共通義務確認訴訟において認められた義務に係る事実上及び法律上の原因を前提とするものであることを明らかにする事実を記載するほか、請求を理由付ける事実を具体的に記載しなければならない。

3　届出書には、前二項に規定する事項のほか、次に掲げる事項を記載しなければならない。

一　第一項第一号の簡易確定手続申立団体の代理人（同号の代表者を除く。）の氏名及び住所

二　前号の簡易確定手続申立団体又は代理人の郵便番号及び電話番号（ファクシミリの番号を含む。）

（情報開示命令等）

第二十九条　簡易確定手続申立団体は、届出期間中、裁判所に対し、情報開示命令（前条第一項の規定により相手方が簡易確定手続申立団体に開示しなければならない文書について、同条第二項に規定する方法による開示を相手方に命ずる旨の決定をいう。以下この条において同じ。）の申立てをすることができる。

2　情報開示命令の申立ては、文書の表示を明らかにしてしなければならない。

3　裁判所は、情報開示命令の申立てを理由があると認めるときは、情報開示命令を発する。

4　裁判所は、情報開示命令の申立てについて決定をする場合には、相手方を審尋しなければならない。

5　情報開示命令の申立てについての決定に対しては、即時抗告をすることができる。

6　情報開示命令は、執行力を有しない。

7　相手方が正当な理由なく情報開示命令に従わないときは、裁判所は、決定で、三十万円以下の過料に処する。

8　前項の決定に対しては、即時抗告をすることができる。

9　民事訴訟法第百八十九条の規定は、第七項の規定による過料の裁判について準用する。

第四目　対象債権の確定

（情報開示命令の申立書の直送等・法第二十九条）

第十七条　簡易確定手続申立団体は、情報開示命令の申立書について直送をしなければならない。

2　相手方は、情報開示命令の申立てについて意見があるときは、意見を記載した書面を裁判所に提出しなければならない。

3　相手方は、法第二十八条第三項の規定による通知をした場合において、前項の書面を提出するときは、これに当該通知の書面の写しを添付しなければならない。

第四款　対象債権の確定

（情報開示義務）

第二十八条　相手方は、対象消費者の氏名及び住所又は連絡先（内閣府令で定めるものに限る。次項において同じ。）が記載された文書（電磁的記録（電子的方式、磁気的方式その他人の知覚によっては認識することができない方式で作られる記録であって、電子計算機による情報処理の用に供されるものをいう。以下同じ。）をもって作成されている場合における当該電磁的記録を含む。以下この条及び次条において同じ。）を所持する場合において、届出期間中に簡易確定手続申立団体の求めがあるときは、当該文書を当該簡易確定手続申立団体に開示することを拒むことができない。ただし、相手方が開示すべき文書の範囲を特定するために不相当な費用又は時間を要するときは、この限りでない。

2　前項に規定する文書の開示は、その写しの交付（電磁的記録については、当該電磁的記録を出力した書面の交付又は当該電磁的記録に記録された情報の電磁的方法による提供であって内閣府令で定めるもの）により行う。この場合において、相手方は、個人（対象消費者でないことが明らかである者を除く。）の氏名及び住所又は連絡先が記載された部分以外の部分を除いて開示することができる。

3　相手方は、第一項に規定する文書の開示をしないときは、簡易確定手続申立団体に対し、速やかに、その旨及びその理由を書面により通知しなければならない。

告しなければならない。

2　簡易確定手続申立団体が二以上ある場合において、いずれか一の簡易確定手続申立団体が前項の規定による公告をしたときは、他の簡易確定手続申立団体は、同項の規定にかかわらず、同項の規定による公告をすることを要しない。

3　第一項の規定による公告後、届出期間中に前条第一項第四号に掲げる事項に変更があったときは、当該変更に係る簡易確定手続申立団体は、遅滞なく、その旨を、相当な方法により公告するとともに、裁判所及び相手方に通知しなければならない。この場合において、当該通知を受けた裁判所は、直ちに、官報に掲載してその旨を公告しなければならない。

4　第一項の規定による公告後、届出期間中に前条第一項第五号から第七号までに掲げる事項に変更があったときは、当該変更に係る簡易確定手続申立団体は、遅滞なく、その旨を、相当な方法により公告しなければならない。

（相手方による公表）

第二十七条　相手方は、簡易確定手続申立団体の求めがあるときは、遅滞なく、インターネットの利用、営業所その他の場所において公衆に見やすいように掲示する方法その他これらに類する方法により、届出期間中、第二十二条第一項各号に掲げる事項（同項第三号又は第四号に掲げる事項に変更があったときは、変更後の当該各号に掲げる事項）を公表しなければならない。

（公告事項の変更の通知の方式・法第二十六条）

第十六条　法第二十六条第三項の規定による裁判所及び相手方に対する通知は、書面でしなければならない。

月前までに、知れている対象消費者に対し、次に掲げる事項を書面又は電磁的方法（電子情報処理組織を使用する方法その他の情報通信の技術を利用する方法をいう。以下同じ。）であって内閣府令で定めるものにより通知しなければならない。

一　被害回復裁判手続の概要及び事案の内容

二　共通義務確認訴訟の確定判決の内容（請求の認諾がされた場合には、その内容）

三　対象債権及び対象消費者の範囲

四　簡易確定手続申立団体の名称及び住所

五　簡易確定手続申立団体が支払を受ける報酬又は費用がある場合には、その額又は算定方法、支払方法その他必要な事項

六　対象消費者が簡易確定手続申立団体に対して第三十一条第一項の授権をする方法及び期間

七　その他内閣府令で定める事項

2　簡易確定手続申立団体が二以上ある場合において、いずれか一の簡易確定手続申立団体が前項の規定による通知をしたときは、他の簡易確定手続申立団体は、同項の規定にかかわらず、同項の規定による通知をすることを要しない。

（簡易確定手続申立団体による公告等）

第二十六条　簡易確定手続開始決定がされたときは、簡易確定手続申立団体は、正当な理由がある場合を除き、届出期間の末日の一月前までに、前条第一項各号に掲げる事項を相当な方法により公

定により公告すべき事項を通知しなければならない。

（重複する簡易確定手続開始の申立ての禁止）

第二十三条　簡易確定手続開始決定がされた事件については、特定適格消費者団体は、更に簡易確定手続開始の申立てをすることができない。

（届出期間又は認否期間の伸長）

第二十四条　裁判所は、必要があると認めるときは、申立てにより又は職権で、届出期間又は認否期間の伸長の決定をすることができる。

2　裁判所は、前項の規定により届出期間又は認否期間の伸長の決定をしたときは、簡易確定手続申立団体及び相手方に対し、その旨を通知しなければならない。

3　裁判所は、第一項の規定により届出期間又は認否期間の伸長の決定をしたときは、直ちに、官報に掲載してその旨を公告しなければならない。

第三目　簡易確定手続申立団体による通知及び公告等

（簡易確定手続申立団体による通知）

第二十五条　簡易確定手続申立団体は、正当な理由がある場合を除き、届出期間の末日の一

第三款　簡易確定手続申立団体による通知及び公告等

（簡易確定手続開始決定の方式）

第二十条　簡易確定手続開始決定は、対象債権及び対象消費者の範囲を記載した決定書を作成してしなければならない。

（簡易確定手続開始決定と同時に定めるべき事項）

第二十一条　裁判所は、簡易確定手続開始決定と同時に、当該簡易確定手続開始決定に係る簡易確定手続開始の申立てをした特定適格消費者団体（第八十七条第一項の規定による指定があった場合には、その指定を受けた特定適格消費者団体。以下「簡易確定手続申立団体」という。）が第三十条第二項に規定する債権届出をすべき期間（以下「届出期間」という。）及びその債権届出に対して簡易確定手続の相手方（以下この款において単に「相手方」という。）が認否をすべき期間（以下「認否期間」という。）を定めなければならない。

（簡易確定手続開始の公告等）

第二十二条　裁判所は、簡易確定手続開始決定をしたときは、直ちに、官報に掲載して次に掲げる事項を公告しなければならない。

一　簡易確定手続開始決定の主文

二　対象債権及び対象消費者の範囲

三　簡易確定手続申立団体の名称及び住所

四　届出期間及び認否期間

2　裁判所は、簡易確定手続申立団体及び相手方に対し、前項の規

（費用の予納）

第十七条　簡易確定手続開始の申立てをするときは、申立てをする特定適格消費者団体は、第二十二条第一項の規定による公告及び同条第二項の規定による通知に要する費用として裁判所の定める金額を予納しなければならない。

（簡易確定手続開始の申立ての取下げ）

第十八条　簡易確定手続開始の申立ては、裁判所の許可を得なければ、取り下げることができない。

2　民事訴訟法第二百六十一条第三項及び第二百六十二条第一項の規定は、前項の規定による申立ての取下げについて準用する。

（簡易確定手続開始決定）

第十九条　裁判所は、簡易確定手続開始の申立てがあった場合には、当該申立てが不適法であると認めるとき又は第十七条に規定する費用の予納がないときを除き、簡易確定手続開始の決定（以下「簡易確定手続開始決定」という。）をする。

2　簡易確定手続開始の申立てを却下する決定に対しては、即時抗告をすることができる。

及び認否期間についての意見を聴くことができる。

（簡易確定手続開始の申立ての取下げの理由の明示等・法第十八条）

第十四条　簡易確定手続開始の申立ての取下げをするときは、取下げの理由を明らかにしなければならない。

2　前項に規定する場合において、裁判所が取下げを許可したときは、裁判所書記官は、その旨を当事者に通知しなければならない。

（簡易確定手続開始の申立てを却下する決定の方式・法第十九条）

第十五条　簡易確定手続開始の申立てを却下する決定は、決定書を作成してしなければならない。

項を明らかにしてしなければならない。

一　届出消費者の数の見込み

二　予定している法第二十五条第一項の規定による通知及び法第二十六条第一項の規定による公告の方法並びにこれらに要する期間

三　情報開示命令の申立ての見込み

（簡易確定手続開始の申立書の添付書面・法第十六条）

第十二条　簡易確定手続開始の申立書には、次に掲げるいずれかの書面を添付しなければならない。

一　共通義務確認訴訟における請求を認容する判決についての判決書又は民事訴訟法（平成八年法律第百九号）第二百五十四条第二項の調書の謄本及び当該判決の確定についての証明書

二　請求の認諾（法第二条第四号に規定する義務が存することを認める旨の和解を含む。）の調書の謄本

（簡易確定手続開始の申立書の写しの添付等・法第十六条等）

第十三条　簡易確定手続開始の申立書には、相手方の数と同数の写しを添付しなければならない。

2　簡易確定手続開始の申立てがあった場合には、裁判所が直ちに当該申立てを却下する決定をしたときを除き、裁判所書記官は、相手方に対し、前項の写しを送付しなければならない。

3　前項に規定する場合には、裁判所は、当事者に対し、届出期間

（簡易確定手続開始の申立ての方式）

第十六条　簡易確定手続開始の申立ては、最高裁判所規則で定める事項を記載した書面でしなければならない。

が取り扱う。

第二款　簡易確定手続の開始

（簡易確定手続開始の申立書の記載事項・法第十六条）

第十一条　法第十六条の最高裁判所規則で定める事項は、次に掲げるものとする。

一　簡易確定手続開始の申立てをする特定適格消費者団体の名称及び住所並びに代表者の氏名

二　相手方の氏名又は名称及び住所並びに法定代理人の氏名及び住所

三　申立ての趣旨

四　簡易確定手続開始の原因となる事実

五　対象債権及び対象消費者の範囲

2　簡易確定手続開始の申立書には、前項各号に掲げる事項を記載するほか、次に掲げる事項を記載するものとする。

一　届出期間についての前項第一号の特定適格消費者団体の意見

二　前号の特定適格消費者団体又は代理人の郵便番号及び電話番号（ファクシミリの番号を含む。）

三　法第十二条に規定する特定適格消費者団体が二以上あるときは、他の特定適格消費者団体による簡易確定手続開始の申立ての見込み

3　前項第一号に掲げる事項の記載は、できる限り、次に掲げる事

（即時抗告に係る事件記録の送付）

第八条　簡易確定手続における決定に対する即時抗告があった場合において、原裁判所が簡易確定手続に係る事件の記録を送付する必要がないと認めたときは、原裁判所の裁判所書記官は、抗告事件の記録のみを抗告裁判所の裁判所書記官に送付すれば足りる。

2　前項の規定により抗告事件の記録が送付された場合において、抗告裁判所が簡易確定手続に係る事件の記録が必要であると認めたときは、抗告裁判所の裁判所書記官は、速やかに、その送付を原裁判所の裁判所書記官に求めなければならない。

（決定の確定証明書）

第九条　第一審裁判所の裁判所書記官は、当事者又は利害関係を疎明した第三者の請求により、簡易確定手続に係る事件の記録に基づいて簡易確定手続における決定の確定についての証明書を交付する。

2　簡易確定手続に係る事件がなお抗告審に係属中であるときは、前項の規定にかかわらず、当該簡易確定手続に係る事件の記録の存する裁判所の裁判所書記官が、決定の確定した部分のみについて同項の証明書を交付する。

（公告事務の取扱者）

第十条　簡易確定手続における公告に関する事務は、裁判所書記官

がある場合を除き、簡易確定手続開始の申立てをしなければならない。

（簡易確定手続開始の申立期間）

第十五条　簡易確定手続開始の申立ては、共通義務確認訴訟における請求を認容する判決が確定した日又は請求の認諾によって共通義務確認訴訟が終了した日（第八十七条第二項の規定による指定があった場合には、その指定を受けた日）から一月の不変期間内にしなければならない。

2　前条の規定により簡易確定手続開始の申立てをしなければならない特定適格消費者団体がその責めに帰することができない事由により前項の期間を遵守することができなかった場合には、その事由が消滅した後二週間以内に限り、簡易確定手続開始の申立てをすることができる。

（申立て等の方式）

第六条　簡易確定手続に関する申立て、届出及び申出は、特別の定めがある場合を除き、書面でしなければならない。

（調書）

第七条　簡易確定手続における調書（口頭弁論の調書を除く。）は、作成することを要しない。ただし、裁判長が作成を命じたときは、この限りでない。

（簡易確定手続の当事者等）

第十二条 簡易確定手続は、共通義務確認訴訟における請求を認容する判決が確定した時又は請求の認諾（第二条第四号に規定する義務が存することを認める旨の和解を含む。以下この款において同じ。）によって共通義務確認訴訟が終了した時に当事者であった特定適格消費者団体（第八十七条第二項の規定による指定があった場合には、その指定を受けた特定適格消費者団体）の申立てにより、当該判決が確定した時又は請求の認諾によって当該共通義務確認訴訟が終了した時に当事者であった事業者を相手方として、共通義務確認訴訟の第一審の終局判決をした地方裁判所（第一審において請求の認諾によって共通義務確認訴訟が終了したときは、当該共通義務確認訴訟が係属していた地方裁判所）が行う。

（任意的口頭弁論）

第十三条 簡易確定手続に関する裁判は、口頭弁論を経ないですることができる。

2 前項の規定により口頭弁論をしない場合には、裁判所は、当事者を審尋することができる。

第二目　簡易確定手続の開始

（簡易確定手続開始の申立義務）

第十四条 第十二条に規定する特定適格消費者団体は、正当な理由一項の規定にかかわらず、当該共通義務確認訴訟の当事者以外の特定適格消費者団体及び当該共通義務確認訴訟に係る対象消費者の範囲に属する第三十条第二項第一号に規定する届出消費者に対してもその効力を有する。

（共通義務確認訴訟における和解）

第十条　特定適格消費者団体は、共通義務確認訴訟において、当該共通義務確認訴訟の目的である第二条第四号に規定する義務の存否について、和解をすることができる。

（再審の訴え）

第十一条　共通義務確認の訴えが提起された場合において、原告及び被告が共謀して共通義務確認の訴えに係る対象消費者の権利を害する目的をもって判決をさせたときは、他の特定適格消費者団体は、確定した終局判決に対し、再審の訴えをもって、不服を申し立てることができる。

第二節　対象債権の確定手続

第一款　簡易確定手続

第一目　通則

（和解の際に明らかにすべき事項・法第十条）

第五条　当事者は、法第二条第四号に規定する義務が存することを認める旨の和解をする場合においては、当該義務に係る次に掲げる事項を明らかにしてしなければならない。

一　対象債権及び対象消費者の範囲

二　事実上及び法律上の原因

第三章　対象債権の確定手続

第一節　簡易確定手続

第一款　通則

6　裁判所は、共通義務確認訴訟がその管轄に属する場合においても、他の裁判所に事実上及び法律上同種の原因に基づく請求を目的とする共通義務確認訴訟が係属している場合において、当事者の住所又は所在地、尋問を受けるべき証人の住所、争点又は証拠の共通性その他の事情を考慮して相当と認めるときは、申立てにより又は職権で、当該共通義務確認訴訟の全部又は一部について、当該他の裁判所に移送することができる。

（弁論等の必要的併合）

第七条　請求の内容及び相手方が同一である共通義務確認訴訟が数個同時に係属するときは、その弁論及び裁判は、併合してしなければならない。

2　前項に規定する場合には、当事者は、その旨を裁判所に申し出なければならない。

（補助参加の禁止）

第八条　消費者は、民事訴訟法第四十二条の規定にかかわらず、共通義務確認訴訟の結果について利害関係を有する場合であっても、特定適格消費者団体を補助するため、その共通義務確認訴訟に参加することができない。

（確定判決の効力が及ぶ者の範囲）

第九条　共通義務確認訴訟の確定判決は、民事訴訟法第百十五条第

（弁論等の必要的併合の申出の方式・法第七条）

第四条　法第七条第二項の規定による申出は、期日においてする場合を除き、書面でしなければならない。

2　前項の申出は、事件の表示を明らかにしてしなければならない。

第六条　共通義務確認訴訟については、民事訴訟法（平成八年法律第百九号）第五条（第五号に係る部分を除く。）の規定は、適用しない。

2　次の各号に掲げる請求に係る金銭の支払義務についての共通義務確認の訴えは、当該各号に定める地を管轄する地方裁判所にも提起することができる。

一　第三条第一項第一号から第四号までに掲げる請求　義務履行地

二　第三条第一項第五号に掲げる請求　不法行為があった地

3　対象消費者の数が五百人以上であると見込まれるときは、民事訴訟法第四条第一項若しくは第五条第五号又は前項の規定による管轄裁判所の所在地を管轄する高等裁判所の所在地を管轄する地方裁判所にも、共通義務確認の訴えを提起することができる。

4　対象消費者の数が千人以上であると見込まれるときは、東京地方裁判所又は大阪地方裁判所にも、共通義務確認の訴えを提起することができる。

5　民事訴訟法第四条第一項、第五条第五号、第十一条第一項若しくは第十二条又は前三項の規定により二以上の地方裁判所が管轄権を有するときは、共通義務確認の訴えは、先に訴えの提起があった地方裁判所が管轄する。ただし、その地方裁判所は、著しい損害又は遅滞を避けるため必要があると認めるときは、申立てにより又は職権で、当該共通義務確認の訴えに係る訴訟の全部又は一部を他の管轄裁判所に移送することができる。

（裁量移送における取扱い・法第六条）

第三条　法第六条第五項ただし書又は第六項の申立てがあったときは、裁判所は、相手方の意見を聴いて決定をするものとする。

2　裁判所は、職権により法第六条第五項ただし書又は第六項の規定による移送の決定をするときは、当事者の意見を聴くことができる。

（訴訟の目的の価額）

第四条　共通義務確認の訴えは、訴訟の目的の価額の算定については、財産権上の請求でない請求に係る訴えとみなす。

（訴状の記載事項）

第五条　共通義務確認の訴えの訴状には、対象債権及び対象消費者の範囲を記載して、請求の趣旨及び原因を特定しなければならない。

（管轄及び移送）

（訴状の記載事項等・法第五条）

第二条　法第五条の規定による対象債権及び対象消費者の範囲の記載については、消費者契約の年月日、物品、権利、役務その他の消費者契約の目的となるものの内容、その対価その他の取引条件、勧誘の方法その他の消費者契約に係る客観的な事実関係をもってしなければならない。

2　共通義務確認の訴えの訴状には、民事訴訟規則（平成八年最高裁判所規則第五号）第五十三条第一項及び第四項に規定する事項のほか、次に掲げる事項を記載しなければならない。

一　対象消費者の数の見込み

二　請求の内容及び相手方が同一である共通義務確認訴訟又は事実上及び法律上同種の原因に基づく請求を目的とする共通義務確認訴訟が既に係属しているときは、当該共通義務確認訴訟が係属している裁判所及び当該共通義務確認訴訟に係る事件の表示

3　共通義務確認の訴えの訴状には、前項第一号に掲げる事項の根拠となる資料を添付しなければならない。

対象となったもの以外の財産が滅失し、又は損傷したことによる損害

四　消費者契約の目的となる役務の提供があるとすれば当該役務を利用すること又は当該役務の対象となったものを処分し、若しくは使用することにより得るはずであった利益を喪失したことによる損害

五　人の生命又は身体を害されたことによる損害

六　精神上の苦痛を受けたことによる損害

3　次の各号に掲げる請求に係る金銭の支払義務についての共通義務確認の訴えについては、当該各号に定める者を被告とする。

一　第一項第一号から第四号までに掲げる請求　消費者契約の相手方である事業者

二　第一項第五号に掲げる請求　消費者契約の相手方である事業者若しくはその債務の履行をする事業者又は消費者契約の締結について勧誘をし、当該勧誘をさせ、若しくは当該勧誘を助長する事業者

4　裁判所は、共通義務確認の訴えに係る請求を認容する判決をしたとしても、事案の性質、当該判決を前提とする簡易確定手続において予想される主張及び立証の内容その他の事情を考慮して、当該簡易確定手続において対象債権の存否及び内容を適切かつ迅速に判断することが困難であると認めるときは、共通義務確認の訴えの全部又は一部を却下することができる。

の支払義務であって、消費者契約に関する次に掲げる請求（これらに附帯する利息、損害賠償、違約金又は費用の請求を含む。）に係るものについて、共通義務確認の訴えを提起することができる。

一　契約上の債務の履行の請求

二　不当利得に係る請求

三　契約上の債務の不履行による損害賠償の請求

四　瑕疵《かし》担保責任に基づく損害賠償の請求

五　不法行為に基づく損害賠償の請求（民法（明治二十九年法律第八十九号）の規定によるものに限る。）

2　次に掲げる損害については、前項第三号から第五号までに掲げる請求に係る金銭の支払義務についての共通義務確認の訴えを提起することができない。

一　契約上の債務の不履行、物品、権利その他の消費者契約の目的となるもの（役務を除く。以下この号及び次号において同じ。）の瑕疵又は不法行為により、消費者契約の目的となるもの以外の財産が滅失し、又は損傷したことによる損害

二　消費者契約の目的となるものの提供があるとすればその処分又は使用により得るはずであった利益を喪失したことによる損害

三　契約上の債務の不履行、消費者契約の目的となる役務の瑕疵又は不法行為により、消費者契約による製造、加工、修理、運搬又は保管に係る物品その他の消費者契約の目的となる役務の

な適格性を有する法人である適格消費者団体（消費者契約法（平成十二年法律第六十一号）第二条第四項に規定する適格消費者団体をいう。以下同じ。）として第六十五条の定めるところにより内閣総理大臣の認定を受けた者をいう。

第二章　被害回復裁判手続

第一節　共通義務確認訴訟に係る民事訴訟手続の特例

（共通義務確認の訴え）

第三条　特定適格消費者団体は、事業者が消費者に対して負う金銭

（当事者の責務）

第一条　当事者は、消費者の財産的被害の集団的な回復のための民事の裁判手続の特例に関する法律（平成二十五年法律第九十六号。以下「法」という。）の趣旨を踏まえ、被害回復裁判手続の円滑かつ迅速な進行に努め、信義に従い誠実に被害回復裁判手続を追行しなければならない。

2　二以上の特定適格消費者団体が対象債権及び対象消費者の範囲の全部又は一部並びに共通義務確認の訴えの被告とされる事業者が同一である被害回復裁判手続を追行するときは、当該二以上の特定適格消費者団体は、被害回復裁判手続の円滑かつ迅速な進行のために相互に連携を図りながら協力するように努めなければならない。

第二章　共通義務確認訴訟に係る民事訴訟手続の特例

定による裁判所に対する債権届出に基づき、相手方が認否をし、その認否を争う旨の申出がない場合はその認否により、その認否を争う旨の申出がある場合は裁判所の決定により、対象債権の存否及び内容を確定する裁判手続をいう。

八　異議後の訴訟　簡易確定手続における対象債権の存否及び内容を確定する決定（以下「簡易確定決定」という。）に対して適法な異議の申立てがあった後の当該請求に係る訴訟をいう。

九　被害回復裁判手続　次に掲げる手続をいう。

イ　共通義務確認訴訟の手続、簡易確定手続及び異議後の訴訟の手続

ロ　特定適格消費者団体が対象債権に関して取得した債務名義による民事執行の手続（民事執行法（昭和五十四年法律第四号）第三十三条第一項、第三十四条第一項、第三十五条第一項、第三十八条第一項、第九十条第一項及び第百五十七条第一項の訴えに係る訴訟手続（第六十一条第一項第三号において「民事執行に係る訴訟手続」という。）を含む。）及び特定適格消費者団体が取得する可能性のある債務名義に係る対象債権の実現を保全するための仮差押えの手続（民事保全法（平成元年法律第九十一号）第四十六条において準用する民事執行法第三十三条第一項、第三十四条第一項及び第三十八条第一項の訴えに係る訴訟手続（第六十一条第一項第一号において「仮差押えの執行に係る訴訟手続」という。）を含む。）

十　特定適格消費者団体　被害回復裁判手続を追行するのに必要

ることを目的とする。

（定義）

第二条　この法律において、次の各号に掲げる用語の意義は、当該各号に定めるところによる。

一　消費者　個人（事業を行う場合におけるものを除く。）をいう。

二　事業者　法人その他の社団又は財団及び事業を行う場合における個人をいう。

三　消費者契約　消費者と事業者との間で締結される契約（労働契約を除く。）をいう。

四　共通義務確認の訴え　消費者契約に関して相当多数の消費者に生じた財産的被害について、事業者が、これらの消費者に対し、これらの消費者に共通する事実上及び法律上の原因に基づき、個々の消費者の事情によりその金銭の支払請求に理由がない場合を除いて、金銭を支払う義務を負うべきことの確認を求める訴えをいう。

五　対象債権　共通義務確認の訴えの被告とされた事業者に対する金銭の支払請求権であって、前号に規定する義務に係るものをいう。

六　対象消費者　対象債権を有する消費者をいう。

七　簡易確定手続　共通義務確認の訴えに係る訴訟（以下「共通義務確認訴訟」という。）の結果を前提として、この法律の規

条―第五十五条）

第三節　特定適格消費者団体のする仮差押え（第五十六条―第五十九条）

第四節　補則（第六十条―第六十四条）

第三章　特定適格消費者団体

第一節　特定適格消費者団体の認定等（第六十五条―第七十四条）

第二節　被害回復関係業務等（第七十五条―第八十四条）

第三節　監督（第八十五条―第八十七条）

第四節　補則（第八十八条―第九十二条）

第四章　罰則（第九十三条―第九十九条）

附則

第一章　総則

（目的）

第一条　この法律は、消費者契約に関して相当多数の消費者に生じた財産的被害について、消費者と事業者との間の情報の質及び量並びに交渉力の格差により消費者が自らその回復を図ることには困難を伴う場合があることに鑑み、その財産的被害を集団的に回復するため、特定適格消費者団体が被害回復裁判手続を追行することができることとすることにより、消費者の利益の擁護を図り、もって国民生活の安定向上と国民経済の健全な発展に寄与す

―第三十八条）

第四章　特定適格消費者団体のする仮差押え等（第三十九条―第四十二条）

第五章　補則（第四十三条）

附則

第一章　総則

消費者の財産的被害の集団的な回復のための民事の裁判手続の特例に関する法律（抄）と消費者の財産的被害の集団的な回復のための民事の裁判手続の特例に関する規則との対照条文

消費者の財産的被害の集団的な回復のための民事の裁判手続の特例に関する法律（抄）	消費者の財産的被害の集団的な回復のための民事の裁判手続の特例に関する規則
消費者の財産的被害の集団的な回復のための民事の裁判手続の特例に関する法律	消費者の財産的被害の集団的な回復のための民事の裁判手続の特例に関する規則
目次	目次
第一章　総則（第一条・第二条）	第一章　総則（第一条）
第二章　被害回復裁判手続	
第一節　共通義務確認訴訟に係る民事訴訟手続の特例（第三条―第十一条）	第二章　共通義務確認訴訟に係る民事訴訟手続の特例（第二条―第五条）
第二節　対象債権の確定手続	第三章　対象債権の確定手続
第一款　簡易確定手続	第一節　簡易確定手続
第一目　通則（第十二条・第十三条）	第一款　通則（第六条―第十条）
第二目　簡易確定手続の開始（第十四条―第二十四条）	第二款　簡易確定手続の開始（第十一条―第十五条）
第三目　簡易確定手続申立団体による通知及び公告等（第二十五条―第二十九条）	第三款　簡易確定手続申立団体による通知及び公告等（第十六条・第十七条）
第四目　対象債権の確定（第三十条―第四十七条）	第四款　対象債権の確定（第十八条―第三十三条）
第五目　費用の負担（第四十八条・第四十九条）	第五款　費用の負担（第三十四条）
第六目　補則（第五十条・第五十一条）	第六款　補則（第三十五条）
第二款　異議後の訴訟に係る民事訴訟手続の特例（第五十二	第二節　異議後の訴訟に係る民事訴訟手続の特例（第三十六条

民事裁判資料第254号
条解消費者の財産的被害の集団的な回復のための民事の裁判手続の特例に関する規則　書籍番号 28－01

平成28年１月15日　第１版第１刷発行

監　　修　最高裁判所事務総局民事局
発 行 人　菅　野　雅　之
発 行 所　一般財団法人　法　曹　会

〒100-0013　東京都千代田区霞が関1-1-1
振替口座　00120－0－15670
電　　話　03－3581－2146
http://www.hosokai.or.jp/

落丁・乱丁はお取替えいたします。　印刷製本／統計印刷

ISBN 978-4-908108-42-6